जीवन का सच्चा राह

राम सूचित साह (शिक्षक)

First Published in June 2022

ISBN: 978-93-5628-087-8

Price: INR 225

BLUEROSE PUBLISHERS
www.BlueRoseONE.com
info@bluerosepublishers.com
+91 8882 898 898

Cover Design:
Geetika

Distributed by: BlueRose, Amazon, Flipkart

विषय सूचि

क्रम	विषय	पृष्ट संख्या
1.	प्रस्तावना	– 5–6
2.	राम नाम की सच्ची व्याख्या	– 7–10
3.	मनुष्य का जीवन और भ्रम	– 11–14
4.	मनुष्य का जीवन और जिन्दीगी	– 15–18
5.	मनुष्य का जीवन और ज्ञान	– 19–25
6.	अज्ञानता का अंधकार	– 26–28
7.	मनुष्य का स्वार्थ और उसका बोझ	– 29–32
8.	साँच और झूठ	– 33–38
9.	ईश्वर का कानून और उसका उलंघन करने पर कड़ा दण्ड	– 39–46
10.	जीवन और समय	– 47–52
11.	धर्म का भ्रम	– 53–60
12.	मनुष्य और प्रेम	– 61–66
13.	कर्म का फल	– 67–75
14.	मनुष्य और धरती ईश्वर की आश्चर्यजनक कृति	– 76–81
15.	मनुष्य का जीवन एक महाभारत	– 82–85
16.	मनुष्य जीवन का उद्देश्य	– 86–90
17.	मनुष्य जीवन की सफलता	– 91–99

पद भाग

1. पद भाग :– सतनाम ही संसार का मूल है जिसके बल पर सृष्टि की रचना हुई थी। 100–101

2. पद भाग :– हरिनाम (सतनाम) के साँस में जारी होते ही हृदय में ईश्वर उपस्थित। 102

3. पद भाग :– ईश्वर बियोग 103–104

4. पद भाग :– मनुष्य के संसार में भ्रम के कारण और निवारण। 105

5. पद भाग :– ईश्वर को पाने का शर्त्त। 106

6. पद भाग :– साँस ही जीवनसार। 107–108

7. पद भाग :– नरतन एक तराजु के दो पलड़ा के समान। 109–110

8. पद भाग :– मनुष्य को ईश्वर ने सबको एक समान उसके अन्दर दिया है। शरीर के बाहर कुछ भी नहीं दिया है। 111–112

9. पद भागः–अपनी बड़ाई वह करता है जो कुछ नहीं जानता है। 113–114

10. पद भागः–भवसागर पार करना ही मानव जीवन की सफलता। 115

11. पद भाग :– मानव तन ईश्वर का एक उपहार। 116–117

12. पद भाग :– सत ही जीवन तथा दुनियाँ का सार। 118–119

13. पद भाग :– मन का संतुलन ही जीवन की सफलता। 120–121

14. पद भाग :– यदि मनुष्य धरती पर कुछ पाना चाहता है तो सबसे पहले सतगुरू का सतज्ञान ही पावे। 122–123

15. पद भाग :– हृदय नेत्र (ज्ञानचक्षु) ही मनुष्य का असली (सच्चा) नेत्र। 124–126

16. पद भाग :– अज्ञानता एवं भ्रम ही मनुष्य का अपना सबसे बड़ा दुश्मन। 127–128

17. पद भाग :– असली ज्ञान का अभाव ही मनुष्य के सारे दुःखों एवं अशांति का जड़। 129–130

18. मनुष्य की कुछ आवश्यक बातें। 131–139

प्रस्तावना

आज धरती पर मनुष्य की हालत ऐसी नजर आ रही है कि वह चारो तरफ से समस्याओं से घिरा हुआ है। प्रत्येक मानव के माथे पर बोझ बढ़ गया है अर्थात वह Overload में जी रहा है। वह रात–दिन अशांत और बेचैन नजर आ रहा है तथा अपने जीवन में अन्दर से दुःखी है चाहे बाहर से वह अपने को जैसा भी दिखावे। मनुष्य धरती पर का श्रेष्ठ प्राणी है जिसकी प्रकृति ईश्वर की ओर से सुखी और शांत रहने की है। ठीक इसका उल्टा हो रहा है। आखिर इसका कुछ कारण तो होगा जो मनुष्य के सामने स्पष्ट नहीं हो रहा है अथवा मनुष्य उसे नहीं समझ रहा है। मैंने ईश्वर की कृपा और अपने गुरू की दया से अपनी समझदारी और अनुभव के आधार पर इस पुस्तक में उन कारणों को स्पष्ट करने की कोशिश की है तथा उनके निवारण के लिए कुछ उचित सलाह भी दिये है।

मुख्य बात यह है कि पूरी सृष्टि अलख पुरूष अविनाशी (ईश्वर) की रचना है और उनके अधीन भी है। सर्वत्र कण–कण में वे दिब्यशक्ति के रूप में समाये हुए भी हैं। पूरी सृष्टि में प्रत्येक में अलग–अलग प्रकृति (स्वभाव) डाल दिये हैं। सबको अपनी–अपनी प्रकृति याद रखते हुए ही अपना समय धरती पर बिताना है अर्थात कायम रहना है। सृष्टि में सभी ईश्वरीय कानून को याद रखते हुए ही अपने समय के साथ आगे बढ़ते हैं। मनुष्य के साथ कुछ ऐसी बाते हैं कि वह अपनी प्रकृति (मानवता) भूल सकता है। अभी मनुष्य इस घटना का ऐसे शिकार हुआ है कि अपनी प्रकृति भूलने की बात चरम सीमा पर पहुँच चुकी है। इस पुस्तक में मनुष्य के अशांति के कारण तथा उनके निवारण दोनो

साथ–साथ रखे गये है। यदि मनुष्य कारण और निवारण के शब्दों का समझदारी और अनुभव करके उन शब्दों का अपने जीवन में उपयोग करे तो मुझे आशा है कि मनुष्य को अपने जीवन में कुछ हद तक शकुन और शांति मिल सकती है।

———————

राम नाम की सच्ची व्याख्या

राम एक शब्द है जिसके कहने या जपने से कुछ नहीं होता है। राम नाम का अर्थ सतनाम है। सतगुरू जब सतज्ञान देते है तो उस सतज्ञान की क्रियाओं द्वारा आदमी अपने हृदय में पहुँचता है जो सतगुरू की आज्ञा का पालन करते हुए नियमित भजन करता है तो सतगुरू कृपा और अन्दर की दिब्य शक्ति संयुक्त होती है। इसके बाद ज्ञानसार के रूप में अपने ही साँस में दिब्य शक्ति के साथ 'सतनाम' मिलता है। ईश्वर (अलख पुरूष अविनासी) साँस को नीचे से ऊपर नाचते और गाते हुए ले जाते है और फिर नाचते और गाते हुए नीचे ले आते हैं तो साँस का एक चक्र पूरा होता है। उपर ले जाने और नीचे ले आने में साँस की आवाज पर प्रेम से पूरा–पूरा ध्यान देना ही एक 'सतनाम' होता है अर्थात एक चक्र एक सतनाम है एक सतनाम से ईश्वर त्रिकुटी में प्रकाश के रूप में झलक जाते है। सतनाम जब माला के रूप में जारी रहता है तो त्रिमुटी में ईश्वर का प्रकाश गाढ़ा होने लगता है। ईश्वर प्रेम से त्रिकूटी में उपस्थित हो जाते है। आदमी आनन्द और शांति में डूबकर दुनियाँ और शरीर को भूल जाता है। त्रिकूटी से प्रकाश का पहाड़ नजर आता है। यही ईश्वर का रूप है। कबीर दास ने कहा है कि नाम रूप दोउ प्रेम प्रकाश। ईश्वर का नाम प्रेम और रूप प्रकाश है। अतः सतनाम ही ईश्वर का नाम है। 'सतनाम' जब माला के रूप में चलने लगता है तो आदमी सबकुछ भूलकर असली आनन्द और असली शांति प्राप्त कर विश्राम में

चला जाता है। इसी पर ब्रह्मानन्द जी लिखे हैं –

माला फेरू न कर फेरू जीह्वा कहे न राम,
हरि मेरा सुमिरन करे मैं पाउँ विश्राम ।

इसमें पूरे शरीर का मंथन होने लगता है। इसी नाम के बल पर हनुमान ने समुद्र लाँघकर लंका में सीता का पता लगाया था। इसी नाम के बल पर मीरा विष का प्याला पी गई थी। राम का नाम (सतनाम) वो चीज है। इसी हरिनाम से सृष्टि की रचना हुई थी।

लोग **Short Cut** रास्ता खूब पसंद करते हैं चाहे वह सही हो या नहीं। उससे आदमी कहीं पहुँचे या नहीं। लोग राम, कृष्ण, सीताराम, राधेश्याम, भगवान, ईश्वर आदि आदि कहकर सतनाम का बोध करना चाहते हैं। यह कैसे होगा ? अच्छा! एक बात ये सब नाम (शब्द) महने से ना कहने वाले के दिमाग में कोई **Reaction** होता है और न सुनने वाले के। उल्टे लगातार कहने पर कहने वाले की उर्जा क्षीण होती है। अगर जोर से कहता है तो सुनने वाले का कान सुनना नहीं चाहता है। इसपर कबीर दास ने लिखा है–

कोटि नाम संसार में ताते भक्ति न होय।
आदि नाम जो गुप्त जपे विरले बुझल कोय।।

उनके कहने का तात्पर्य है कि इस संसार में ईश्वर का एक करोड़ नाम है उनके कहने से भक्ति नहीं होती है। आदि नाम (सतनाम) धरती पर सृष्टि रचना के पहले आ गया था। इसको साँस के माला में जापा जाता है गुप्त रूप से, जिसकी आवाज बाहर नहीं निकल सकती और न संसारिक कोई इसे बुझ सकता है।

'राम का नाम' में राम के नाम की बात है राम शब्द की बात नहीं हैं। नाम का अर्थ 'सतनाम' है। ऐसे 'राम' शब्द की व्युत्पति है जिसमें योगी लोग रमन करते हैं उसे राम कहते हैं योगी लोग किसमें रमन करते हैं ? सतनाम में।

इसी सतनाम पर तुलसी दास ने कहा है–

राम नाम एक अंक है बाकी साधन सब शून्य
अंक गये कछु हाथ नहीं अंक पड़े दशगुन।

तुलसी दास के कहने का तात्पर्य है कि यदि करोड़ों **Zero** लिखा जाय तो उसमें कोई मान नहीं होता है। लेकिन सबसे बायें 1 से 9 में कोई अंक लिख दिया जाय तो दायें एक '0' डालते जाने पर दस गुणा मान बढ़ते जाता है। इसी प्रकार यदि जीवन में 'सतनाम' (जो एक अंक के सामन है।) नहीं मिला और संसार में कैसा भी और कितना भी काम किया तो उसका अंतिम परिणाम शून्य ही होता है। अर्थात उसका पूरा का पूरा काम बिरर्थक हो जाता है। क्योंकि जो भी किया और जितना भी किया सब अधूरा ही किया। उसका समय परिश्रम और कर्म सब नुकसान हो गया। जब जीवन में 'सतनाम' मिल जाता है तो दुनियाँ का कोई भी काम वह पूरा शरीर से पूरा काम करता है इसलिए उसका काम आश्चर्य और चमत्कार हो जाता है। उसका सारा कर्म सफल होता है।

सतनाम (राम का नाम) जब अपने साँस में रामनाम माला के रूप में शुरू होता है तो ईश्वर को देखा भी जाता है और परखा भी जाता हैं। आदमी दुनियाँ और शरीर को पूरी तरह भूलाकर परम आनन्द, परम शांति और परम सुख में डूब जाता है। गगन (तालु) से अमृत धारा के रूप में चूने लगता है। ईश्वरीय

धुन मधुर आवाज से बजने लगते हैं। यही संतो की समाधि भी है। लेकिन राम, कृष्ण, भगवान, ईश्वर आदि शब्द कहने से तो कुछ होता नहीं है। समय, परिश्रम और कर्म कचरा में चला जाता है। इसी पर कबीर दास ने लिखा है–

बिनु देखे बिनु परखे,
नाम लिये क्या होय।
धन, धन कहे जब धनी बने,
तो निर्धन रहे ना कोय।।

शब्द कहने से कुछ नहीं होता है। शब्द को ह्वदय से ग्रहण करके उसका उपयोग करके उससे कर्म किया जाता है तब शब्द सफल होता है। जैसे धन, धन, धन कहने से कोई धनी नहीं बनता है। धन कमाने के लिए कर्म करना पड़ता है तब कोई धनी बनता है यदि धन, धन धन कहने से लोग धनी बनता तो इस संसार में कोई गरीब नहीं रहता।

अतः सतनाम (रामनाम) पाना धरती पर प्रत्येक मनुष्य का प्रथम कर्त्तव्य है। इसी के साथ मनुष्य की असली शांति और असली सुख है। इसके बिना मनुष्य की अशांति और दुख है।

मनुष्य का जीवन और भ्रम

मनुष्य का जीवन ईश्वर का उपहार, सभी जीवों में श्रेष्ठ, सुन्दर, आसान और प्रकाशमय होता है। धरती पर उतरने के बाद जब उसका प्रथम साँस आता है तो उसके जीवन का सफर शुरू हो जाता है। अन्तिम साँस निकलने तक उसके जीवन का सफर जारी रहता है। प्रथम और अन्तिम साँस के बीच ही उसका जीवन रहता है। पूर्व जन्म का उसके साथ कुछ नहीं होता है। विल्कुल निर्मल होकर ही यहाँ उतरता है। लेकिन उसका शरीर समय के साथ हर क्षण छिन्न होता है और हर क्षण हर साँस के साथ उसके कर्म का फल जुड़ने लगता है। यह क्रम पूरे जीवन भर चलता रहता है। पीछे के कर्म का फल आगे सामने आने लगता है। इसी को होनी या भावी कहा जाता है। जो इसी जन्म के कर्म का फल होता है। आगे–पीछे की बात विल्कुल झूठ है। मनुष्य के जीवन में भ्रम (विल्कुल झूठ) कहाँ से और कैसे पकड़ता है जो पूरे जीवन को कचरा बना देता है, यह एक बहुत ही गहरा प्रश्न है।

प्रथम साँस के साथ ही ईश्वर की ओर से काम (कामना), क्रोध, मद, लोभ, मोह, भय और संशय का जंजीर गर्दन में लग जाता है जो जन्म–जन्म का जंजीर होता है यह पूर्ण अंधकार होता है जो माया के रूप में अन्दर रहता है। ये काम, क्रोध, मद, लोभ, मोह मन पर मैल के रूप में बैठे रहते हैं। इसी पर कबीर दास ने लिखा है–

माया मुई न मन मुआ,
मरी मरी गया शरीर ।

बच्चा जन्म के बाद लगभग तीन–चार साल तक ईश्वर के अधीन रहता है। वह धरती पर की एक भी बात नहीं जानता है उसका सीधा ईश्वर से सम्बन्ध रहता है और उसका दिमाग बिल्कुल साफ रहता है। उसका जोभी Action बाहर दिखाई पड़ता है वह अन्दर के ईश्वरीय प्रभाव के कारण होता है। वह साँस लेता है, छोड़ता हैं, हँसता है, रोता है और सोता है। वह ईश्वर के साथ होता है। यही से उसका क्रम आगे बढ़ता है।

यह धरती मैली है क्योंकि इसमें भी काम, क्रोध, मद, लोभ और मोह, अंधकार के रूप में फैले रहते हैं। जो धरती से उपर लाखों मील तक अंधकार का क्षेत्र बनता है। यही माया का क्षेत्र है। यह माया (बिल्कुल झूठ) का प्रचण्ड रूप है। अतः धरती पर माया का ही राज्य होता है। इसे भी ईश्वर ही बनाये है।

धरती पर परिवार और समाज में जो लोग रहते हैं। वे झूठ (भ्रम) के पुजारी है जो परिवार के लोग बच्चा को बाहर से कुछ सिखाना शुरू करते हैं। जो भी सीखता है सबका सब झूठ होता है जो काला बन कर उसके दिमाग में जाने लगता है यही से बच्चा में भ्रम शुरू होता है। उनको भी उनका परिवार समाज उसके दिमाग में झूठ (अंधकार) भर दिया रहता है। उनके भी पूर्वज उनके दिमाग में भरे रहते है। यह क्रम धरती पर पीढ़ी दर पीढ़ी चलता रहता है। बच्चा, परिवार से समाज में निकलता है। वहाँ भी झूठ ही भरा जाता है दिमाग में। इसके बाद बच्चा, विद्यालय, महाविद्यालय में जाता है वहाँ भी झूठ के ही शब्द दिमाग में डाले जाते हैं। बच्चा को अपने अनुभव से जितने शब्द दिमाग में आते हैं वे सत्य के शब्द रहते हैं। बाहर से जो शब्द आते है उसको मन पकड़ने लगता है और दिमाग रखने लगता है। उसके दिमाग में ठूस–ठूस कर झूठ (भ्रम) भर दिया जाता है। यहीं से मनुष्य में मानना शुरू होता है जो अंधविश्वास है। यह भी अंधकार

है। धरती पर भी अधंकार व्याप्त है। उसके अन्दर जंजीर भी अंधकार के रूप में रहता है। मन और दिमाग जंजीर के अंधकार को ज्ञानेन्द्रियों द्वारा बाहर धरती के अंधकार से जोड़ देता है। यह सब अंधकार मिल कर मनुष्य के सामने घोर अंधकार फैला देता है। यही भ्रम के अंधकार का प्रभाव मनुष्य के सामने जिन्दगी भर रहता है। इसलिए मनुष्य अंधकार में भटकने लगता है। वह न सही सोचता है, न सही बोलता है, न सही रहता है, न सही कुछ करता है और न सही चिन्तन कर पाता है। उसकी ये पाँचों क्रियाएँ विषयुक्त हो जाती हैं।

सच्चाई और ईश्वर तो हृदय में हैं जो प्रकाश स्वरूप है। इनसे मनुष्य का सम्बन्ध ही टूट जाता है। ईश्वर मनुष्य से बहुत दूर चले जाते हैं। मनुष्य में स्थित जीव और ईश्वर के बीच यह भ्रम (माया का अंधकार) बहुत दूरी बनाकर जीवन भर रखता है। मनुष्य का पूरा जीवन भ्रम के कारण कचरा बन जाता है। जीवन में जहाँ देखिये भ्रम, भ्रम, भ्रम। वह चौरासी लाख से करोड़ों वर्ष के बाद निकल कर आता है और चौरासी लाख में चला जाता है।

मनुष्य में भीतर–बाहर भ्रम का अंधकार फैल जाता है और मनुष्य को कुछ सही नहीं सुझता है वह दुनियाँ में भटकने लगता है। आश्चर्य यह है कि हम क्या कर रहे हैं और मेरे साथ क्या–क्या हो रहा है। इसका कुछ भी पता मनुष्य को नहीं रहता है। इसी भ्रम और भटकाव के कारण उसको दुःख, चिन्ता, परेशानी, अशांति, लड़खराहट पूरा जीवन भर बना रहता है। वह मान लेता है कि धरती पर मनुष्य के साथ यही होता है। यही मानकर जीवन में इसी के साथ रहकर जीने का अभ्यास कर लेता है। मनुष्य का जीवन तो हर क्षण, सुख, शांति और आनन्द में होना चाहिए। ऐसा ईश्वर से नाता टुटने के कारण होता है।

इसी भ्रम के अंधकार को मनुष्य से हटाने के लिए धरती पर आदि काल से सतगुरू रहते हैं जो सतज्ञान देकर और सतसंग करके दिमाग से असत्य (अंधकार) को हटाकर फिर उसमें सत्य (प्रकाश) भरते है। ज्ञान की क्रिया द्वारा अपने मार्ग–दर्शन में मन पर मैल के रूप में बैठे काम, क्रोध, मद, लोभ, मोह को अन्दर ही मरवा देते हैं। ज्ञान आण्डीव के समान होता है जिससे स्वयं मनुष्य गुरू के मार्गदर्शन में मार देता है। इन्हें मरवाकर गुरू ईश्वर को फिर से जनदीक लाकर मनुष्य के अन्दर स्थित जीव का ईश्वर से साक्षातकार करा देते हैं। मनुष्य का भीतर बाहर ईश्वर के प्रकाश से प्रकाशमय हो जाता है। जीवन सफल हो जाता है। बाहर की सारी परिस्थितियाँ यही रहते हुए उस मनुष्य के फिए सब बदल जाता है। इसी पर कबीर दास ने लिखा है–

है समीप पर दूर बतावे दूर की बात निरासी।
कहे कबीर सुनो भाई साधो गुरू बिना भ्रम न जाती।।

फिर कबीर दास ने लिखा है–

चुन्दर में दाग कहाँ से लागल।
कैसा दाग ? भ्रम का दाग।।

फिर तुलसी दास ने लिखा है–

घट में है सुझे नहीं लानत ऐसी जिन्द।
तुलसी या संसार को भयो मोतिया बिन्द।।

जिन्द क्या है भ्रम का नकाब (पर्दा) है जो दिमाग में झूठ (माया) से नाता जोड़ने के कारण ईश्वर की ओर से लग जाता है। जिसके कारण मनुष्य को सही सही कुछ नहीं सुझता है। यह पर्दा सतगुरू ही सतज्ञान देकर हटा सकते है जो धरती पर एक समय में एक ही रहते है। दूसरा कदापि नहीं। भ्रम के कारण मनुष्य का जीवन मरूभूमि हो जाता है जहाँ कहीं कुछ नहीं रहता है। जब सतगुरू का सतज्ञान मिल जाता है और जीवन सफल हो जाता है अर्थात ईश्वर से नाता जुड़ जाता है तो जीवन में चारो तरफ हरियाली ही हरियाली नजर आती है।

मनुष्य का जीवन और जिन्दगी

मनुष्य का जीवन जीव (आत्मा) के साथ होता है जो सत्य से शुरू होकर सच्चा मार्ग से सत्य स्वरूप ईश्वर तक पहुँचा देता है। तब जीवन सफल होता है। मनुष्य धरती पर जीवन सफल करने के लिए ही आता है। दूसरे काम को करने नहीं आता है। उसकी जिम्मेवारी भी यही होती है। धरती पर दूसरी कोई जिम्मेवारी नहीं होती है। वह असली जिम्मेवारी को नहीं समझने और नहीं करने के कारण वह दूसरी–दूसरी जिम्मेवारी को माया में अपने मन से गढ़ लेता है और उसी में फँस कर जीवन भर दुःख, चिन्ता, परेशानी और चोट खाता रहता है तथा अन्त में उसी में फँस कर मर भी जाता है। वह अपने जीवन को पूरी तरह असफल करके यहाँ से चला जाता है। बताइये! मनुष्य जैसे श्रेष्ठ योनि पाने से क्या फायदा ? वह लगभग बीस करोड़ वर्षो के बाद कचरा (मिट्टी) से निकल कर आता है और फिर उसी कचरा में घूस जाता है।

जीव और ईश्वर को मिलाने के लिए धरती पर हर समय सतगुरू रहते हैं। उन्हें खोजना और पहचानना पड़ता है। यदि ईश्वर कृपा से जीवन के राह में कही मिल गये और सतज्ञान दे दिये तो अथक परिश्रम करके उनके बताये हुए मार्ग पर चलकर आदमी ईश्वर को पा लेता है क्योंकि ईश्वर की ओर जाने वाला सच्चा मार्ग वही बताते हैं। दूसरा कोई उपाय करने से न ईश्वर मिल सकते है, न जीवन सफल होता है। साक्षात्कार के बाद तो आदमी हर क्षण असली सुख, शांति और आनन्द में डूबा रहता है और संसार का काम जो आवश्यक है करता रहता है। ऐसा होता है मनुष्य का जीवन।

मनुष्य की जिन्दगी

जिन्दगी का अर्थ होता है जीने का ढंग। यह शरीर और दुनियाँ के साथ होता है। दोनों के साथ माया और भ्रम समाये हुए है। इसलिए इन दोनों के साथ समझदारी रखते हुए हमेशा सतर्क और सावधान रहना जरूरी है। माया की ऐसी प्रकृति है कि दुनियाँ में आकर्षण और चकाचौंध की रोशनी थोड़ी देर के लिए पैदा करके आदमी को उसमें आसानी से फँसा लेती है। माया शुरू में थोड़ा सा नकली सुख देती है और बाद में दुःखे दःख।

शरीर में अन्दर अंधकार रहता है। ज्ञानेन्द्रियाँ बाहर की ओर फैली रहती हैं। मन, इन्ही ज्ञानेन्द्रियों से अन्दर के अंधकार को बाहर (धरती) के अंधकार से जोड़ जोड़ कर माया के आकर्षण को पकड़ता है। दिमाग उसको रखता है। फिर मन उसको करने के लिए बेचैन करता है। मनुष्य दुनियाँ के अंधकार में नाचने और भटकने लगता है। मनुष्य वही करने लगता है जो संसार में उसको दुःख, चिन्ता और परेशानी में डालता है अर्थात वह संसार में डूबकर जीने लगता है। उसको झूठ से इतना गाढ़ा प्रेम हो जाता है कि उसको कुछ सही समझ में नहीं आता है। वह सही को गलत और गलत को सही कहने लगता है। वह अपने जीवन से इतना दूर चला जाता है कि वह घोर अंधकार में डूब जाता है। वहाँ से सही मार्ग पर लौटना उसके लिए मुश्किल हो जाता है। दुनियाँ में बहुत सारे लोग इसी माया के अंधकार में फँसे है और सोने, जगने दोनों में तबाह ही नजर आते हैं क्योंकि अपनी जिन्दगी खराब कर लिए रहते हैं।

दुनियाँ में शरीर की आवश्यकता (Needs) हवा, जल और भोजन की पूर्ति करने और बाहरी आवश्यकता को कम से कम करने पर ही जिन्दगी सही रहती है। जिन्दगी को दुनियाँ

में फैलाकर हाई–फाई की जिन्दगी जीना कहीं से अच्छा नहीं होता है। जीवन सफल करने के लिए जीवन और जिन्दगी को आस–पास ही रहना चाहिए। अर्थात छोटी जिन्दगी ही सुन्दर जिन्दगी होती है। इस पर कबीर दास ने लिखा है–

ऊँचे पानी ना टिके नीचे ही ठहराय।
नीचे रहे सो भरि पीये ऊँचा प्यासा जाय।।

फिर एक जगह लिखे हैं –

सबसे लघुताई भली लघुता से सब होय।
जैसे दूज का चन्द्रमा सिस नवे सब कोय।।

जब जीवन और जिन्दगी आस पास (साथ–साथ) रहती है तो आदमी लोक–परलोक दोनों में आनन्द पाता है। लेकिन जब जीवन से जिन्दगी दूर चली जाती है तो उसके साथ धरती पर भी दुख और परलोक में दुखे दुख। ऐसा आदमी संसार में माया के नशा (जोश) में जीने लगता है। लेकिन नशा चढ़ता है तो एक दिन उतरता भी है। जब तक नशा उतरता है तबतक समय निकल गया रहता है और वह अपना सबकुछ गवाँ दिया रहता है।

इसी पर एक संत ने लिखा है–

सो परा दुःख पाई के सिर धुनी धुनी पछताय।
काल ही कर्म ही ईश्वरा नाहक दोष लगाय ।।

जिस समय लोक–परलोक दोनों में मनुष्य को दुःख का एहसास होता है तो वह सिर पटक पटक कर रोता है। ऐसा लगभग सबके साथ होता है। वह यह भी एहसास करता है कि ईश्वर जो समय मेरे जीवन के साथ दिये और मैंने उस समय के साथ जो कर्म किया। यह उसी का फल है। इसमें ईश्वर का कहीं कोई दोष नहीं है। यदि यह बात मनुष्य समय रहते (अभी)

महसूस कर ले तो वह अपने जीवन में सही दिशा में कदम बढ़ा सकता है।

जीवन और जिन्दगी के आस पास रहने पर मनुष्य अगर दुनियाँ का कोई काम हाथ में लेता है और करता है तो वह आश्चर्य और चमत्कार हो जाता है। क्योंकि वह पूरा शरीर से पूरा काम करता है। लेकिन जिस मनुष्य का जीवन जिन्दगी से दूर चला जाता है तो वह कोई भी काम ठीक से नहीं कर पाता है। वह अधूरा ही करता है। चाहे वह कितना भी पढ़ा लिखा हो और कितना भी बड़ा पदवी वाला हो। क्योंकि आदमी के बुद्धि का मशीन झूठ के मार्ग में बह गया रहता है, उसके दिमाग और शरीर में छेद हो गया रहता है। उसका सोच बिचार सही जगह से हटकर दूसरी जगह चला गया रहता है।

लोग झूठ के मार्ग में मेडल और पुरस्कार भी खूब देते हैं। अधूरा काम के लिए मेडल और पुरस्कार क्यों ? कबीर दास ने कहा है कि झूठे झूठ लरवाय। झूठा झूठ को स्तंभ के समान पकड़ता है। पुरस्कार देने वाला भी झूठा और लेने वाला भी झूठा। असली पुरस्कार वस्तु का नहीं आनन्द और सुख का पुरस्कार होना चाहिए। जो लेने वाले और देने वाले दोनो के ह्दय को छूदे।

———————

मनुष्य और उसका ज्ञान

ज्ञान की जरूरत केवल मनुष्य को है। दूसरे जीव–जन्तुओं को ज्ञान की जरूरत नहीं है। वे धरती पर आते हैं और अपनी प्रकृति (स्वभाव) को याद रखते हुए अपना समय काटकर यहाँ से चले जाते हैं। मनुष्य को ज्ञान दुनियाँ देती है वह चार तरह का होता है :– (1) एक ज्ञान परिवार–समाज से मिलता है। (2) विद्यालय–महाविद्यालय से मिलता है। (3) मठ–मंदिर, धर्म स्थल, गाँव, समाज, शहर में आश्रम बनाकर गुरू ज्ञानदाता के रूप में बैठे रहते हैं। (4) सतगुरू का सतज्ञान ऐसा बिरला बिरला होता है जो एक समय में धरती पर एकही होते हैं। जिनके ज्ञानबल और सच्चाई पर दुनियाँ आगे बढ़ती है।

(1) पहला :– जो ज्ञान परिवार–समाज से मिलता है वह पेट चलाने का ज्ञान है, जैसे गाड़ी चलाने का ज्ञान, व्यापार करने का ज्ञान, खेती करने का ज्ञान, लकड़ी से सामान बनाने का ज्ञान, केश काटने का ज्ञान, लोहा और मिट्टी से सामान बनाने का ज्ञान, कपड़ा धोने का ज्ञान आदि आदि। ये सब ज्ञान ही हैं जिससे आदमी अपना पेट चलाता है। इसका सतज्ञान से कोई सम्बन्ध नहीं है। इस ज्ञान के साथ अज्ञानता का अंधकार रहता है।

(2) दूसरा :– जो ज्ञान विद्यालय–महाविद्यालय या अन्य शिक्षण संस्थान से मिलता है जिससे निकलने के बाद लोग शिक्षक, प्रोफेसर, डॉक्टर, इन्जीनियर, नेता, अभिनेता, लेखक, कवि, सी० ए०, पी० एम०, सी० एम०, डी० एम०, पुलिस, सेना, पंडित, आचार्य, आदि आदि लोग बनते हैं। यह भी पेट चलाने का ही ज्ञान है। इसका भी सम्बन्ध असली ज्ञान (सतज्ञान) से नहीं है। यह भी दुनियाँ का काम करने का ज्ञान है। इन्हें भी मानवता समझ में नहीं

आती है। इस ज्ञान से भी जीवन सफल नहीं होता है क्योंकि इनके सामने भी अज्ञानता का अंधकार छाये रहता है।

(3) तीसरा :– ज्ञान देने के लिए जहाँ–तहाँ मठ, मंदिर, धर्मस्थल, आश्रम पर ज्ञानदाता या धर्मगुरू के नाम पर या पंडित प्रधान बनकर या रिति–रिवाज से गुरू बनकर जहाँ–तहाँ पाये जाते हैं। ये लोग स्वयं काम, क्रोध, मद, लोभ, मोह, भय, संशय के बंधन में बँधे रहते हैं और दूसरे के बंधन को खोलने की गारन्टी देते हैं। ऐसे गुरूओं की दुनियाँ में भरमार है। ये लोग भी पेट चलाने के लिए ही गुरू बन जाते हैं। जिसको शिष्य बनाते हैं उसे तनिक ज्ञान की रोशनी नहीं दे पाते है। इसमें गुरू और शिष्य दोनों बुरी तरह अज्ञानता के अंधकार में फँसे रहते हैं। ये किसी काम के नहीं होते हैं। बात यह होती है कि ह्रदय में ईश्वर की प्यास के कारण वे ईश्वर को खोजते हैं तो ज्ञानदाता के रूप में यही लोग मिल जाते हैं। वही वाली बात होती है कि पतंगा अपने स्वभाव से चन्द्रमा की रोशनी खोजता है। वह अपने स्थान से चन्द्रमा की ओर चलता है। रास्ते में लालटेन, दीया, मोमबत्ती, बिजली बत्ती, कर्मकरी या गर्मी के साथ रोशनी देने वाली जलती हुई कोई चीज मिल जाती है। पतंगा चन्द्रमा की शीतल रोशनी समझकर उसी पर बैठता है और जलकर भष्म हो जाता है। वह चन्द्रमा की शीतल रोशनी से बंचित हो जाता है। यही हाल ऐसे गुरू को पाने पर होता है। लेकिन बात है जैसा गुरू वैसा चेला या जैसा चेला वैसा गुरू।

(4) सतगुरू का सतज्ञान :– इसे पूर्ण गुरू का पूर्ण ज्ञान भी कहा जाता है। लेकिन संक्षेप में इसे भी गुरू और ज्ञान ही कहा जाता है। इसे कृष्ण ने राज विद्या कहा था। सभी विद्याओं में सबसे श्रेष्ठ सतज्ञान ही है। इसी ज्ञान से मनुष्य का जीवन सफल होता है। नहीं तो पूरे जीवन में मनुष्य के सामने अंधकार

ही फैला रहता है। चाहे वह संसार की सारी विद्याओं और सारी भाषाओं को जानता हो, कितना भी बड़ा पद्वी और ख्याती वाला हो, कितना भी बड़ा काम और कितना भी करता हो उसके सामने अज्ञानता का अंधकार छाये ही रहता है। उसको सही सही कुछ नहीं सुझता है।

सतज्ञान सतगुरू ही दे सकते हैं। सतगुरू को छोड़कर यह ज्ञान कोई दे नहीं सकता है। जीवन में सबसे कठिन काम सतगुरू खोजना ही है। पहले ऋषि, मुनियों को सतगुरू खोजने में ही जीवन के समय का बहुत बड़ा हिस्सा लग जाता था। इसके बाद ईश्वर की कृपा और सतगुरू की दया से सतज्ञान मिलता था। सतगुरू धरती पर ईश्वर ही होते हैं जो मनुष्य रूप में धरती पर विचरण करते है। सतज्ञान की क्रिया भी ईश्वर ही का बनाया हुआ है। सतज्ञान की क्रिया ही ईश्वर मार्ग होता है जिससे सतगुरू ईश्वर तक मनुष्य को अपने ज्ञानबल से पहुँचा देते हैं। एक संत ने कहा है

गुरू का वेष न देखिये ले लीजिए ज्ञान।
उस म्यान को मत देखिये जिसमें पड़ी रही तलवार।।

कहने का मतलब की गुरू की वेश–भूषा कुछ भी हो सकती है। वेश–भूषा की कोई कीमत नहीं है। उनमें सतज्ञान देने की जो क्षमता है उसकी कीमत है जैसे म्यान कैसा भी हो सकता है उसकी कीमत नहीं है। उसमें जो तलवार पड़ी हुई है उसकी कीमत है सतज्ञान की चर्चा के पहले सतगुरू के महत्व को समझना जरूरी है। सतगुरू के रोम रोम में सत्य झलता है। उनके जीवन का हर Action सत्य पर आधारित होता है। उनके शब्द जो मुँह से निकलते हैं वे सब हृदय के ही शब्द होते हैं जो ईश्वर की ओर से बरसते हैं। वे बाहर से साधारण मनुष्य ही लगते हैं। उनके शब्द पर संतों ने कहा है :–

सतगुरू का एक शब्द ताके अनन्त विचार।
थाके मुनि जन पंडिता वेद न पावे पार।।

उनके एक शब्द की गहराई इतनी होती है कि उसकी गहराई को छूने में मनुष्य, देवता, मुनि, पंडित सब थक जाते हैं और वेद भी उस शब्द को पार नहीं कर सकता है। सतगुरू ऐसे ही शब्दों से शिष्यों के बीच सतसंग करते हैं।

एक जगह कबीर दास लिखें हैं :–

साँचे सतगुरू की बलिहारी जिसने कुन्जी कुलफ उधारी
नख सिख साहेब हैं भरपूर सो साहेब क्यों कहिये दूर।।

ईश्वर मनुष्य के नख से सिख तक पूरा भरे हुए हैं लेकिन दुनियाँ ईश्वर को उपर और दूर बताती है। अपने शरीर के नख से सिख तक भरे हुए ईश्वर को कौन दिखायेगा ? सतगुरू। फिर एक जगह कबीर दास ने लिखा है–

धोबिया जल बीच मरत प्यासा।
सच्चा साबून ले नहीं मूरख है संतन के पासा।
दाग पुराना छूटत नाहीं धोअत बारह मासा।।

ब्रह्मनन्द जी एक जगह लिखे हैं –

ज्ञान होने के बाद ब्रह्मानन्दजी संसार में कोई ऐसी सच्ची वस्तु खोजते हैं जिसे देकर सतगुरू का ऋण धुकाया जा सके तो तीनों लोकों में कोई सच्ची चीज दिखाई नहीं पड़ी।

क्या भेंट करू गुरूदेव को मैं,
न वस्तु दिखे तिहुँ लोकन में।
ब्रह्मनन्द समान न होय कभी,
धन माणिक लाख करोड़ दिया।।

यदि पैसा देना चाहता हूँ तो लाख–करोड़ स्वर्ण मुद्रा भी तुच्छ ही लगता है। गुरू नानक को जब ज्ञान हुआ तो सबसे पहले गुरू को धन्यवाद दिये वाह! वाह! गुरू! बहुत देर तक कहते रह गये। इसके बाद उन्होंने कहा–

सौ जोजन सूरज चढ़े चन्दा चढ़े हजार।
ऐसी चन्दना हन दियो गुरू बिना घोर अंधार।।

कबीर दास को जब ज्ञान हुआ तो उन्होंने ईश्वर से बड़ा सतगुरू माना–

धरती सब कागज करूँ लेखनी सब बनई।
सात समुद्र मसी करू गुरूगुण लिखा न जाई।।

उन्होंने कहा यदि पूरी धरती को कागज बना लूं। पूरे सागर महासागर को स्याही बना लूं। पूरे जंगल को लेखनी बना लू, तो भी गुरू का गुणगान करने में पार नहीं पा सकता।

सतगुरू वो चीज हैं–

सतगुरू जो सतज्ञान देते हैं वह तीन चक्के की गाड़ी होती है–(1) भजन/सुमिरन (2) सतसंग (3) सेवा।

(1) भजन :– इसमें चार क्रियाएँ होती है प्रत्येक अपने आप में पूर्ण है। चारो सतमार्ग हैं जो ईश्वर तक पहुँचा देते है। नियमित और संयमीत रहकर इसके साथ पैठ बनाना पड़ता है और ह्रदय में अनुभव बटोरना पड़ता है।

(2) सतसग :– दिमाग में असत्य के शब्द जो काई के रूप में जमे रहते हैं। उसे गुरू प्रश्न के द्वारा हटाकर उसके स्थान पर सत्य के शब्द भरकर दिमाग में वैराग्य पैदा करते है वैराग्य का मतलब घर–द्वार छोड़ना नहीं होता है। दिमाग में जो असत्य के शब्द से मनुष्य के सामने अंधकार रहता है उसे हटाकर सत्य के

शब्द द्वारा सामने प्रकाश लाते हैं। दुनियाँ में भी सत्य असत्य दोनों फैला है। उसमें भी असत्य के बंधन को तोड़कर सत्य से जोड़ देते हैं।

(3) **सेवा** :– सेवा का मतलब धन–दौलत, रूपया, पैसा देना नहीं है। गुरू जी जो करना चाहते हैं उसमें जितना पार लगे उनको मदत करना। चूकि गुरू और शिष्य प्रेम में बँधकर ही ये सब करते हैं।

इन्ही तीनों क्रियाओं द्वारा मनुष्य अपने ही अन्दर हृदय की दुनियाँ में प्रवेश करता हैं दूसरा अपने अन्दर जाने का कोई उपाय नहीं है। हृदय की दुनियाँ अपरिमित, अनन्त और असीमित है जिसका न कहीं शुरूआत (आदि) है न अन्त है। इसी में ईश्वर निवास करते हैं और उनकी सारी कृतियाँ सजाकर रखी गयी हैं। इसी में ईश्वर, अलख पुरूष अविनाशी, अद्भूत तेज प्रकाश के साथ विराजमान है। मनुष्य को वहाँ कुछ करना नहीं है केवल वहाँ पहुँच जाना है। मनुष्य वहाँ ईश्वर पाने के बाद ब्रह्माण्ड और उससे भी परे तथा धरती की सारी चीजों को एक साथ पाकर परम सुख, परम आनन्द और परम शांति में हमेशा–हमेशा के लिए डूब जाता है। उसका जन्म–जन्म का जंजीर, काम क्रोध, मद, लोभ, मोह इस मनुष्य से इतना दूर भागता है कि फिर उस मनुष्य को कभी छू नहीं सकता है। सतगुरू से ही ज्ञान प्रकाशित होता है दूसरे से नहीं।

ऐसी बात नहीं है कि ज्ञान सफल होने के बाद आदमी दुनियाँ में कुछ नहीं करता है। वह तो दुनियाँ में ऐसी कृति स्थापित करता है कि दुनियाँ में आश्चर्य और चमत्कार हमेशा–हमेशा के लिए हो जाता है। यह ज्ञान दुर्बासामुनि से कृष्ण को छोटे उम्र में ही हो गया था। यह ज्ञान रामचन्द्र जी को विश्वामित्र से पचपन

में ही हुआ था। यह ज्ञान कबीर दास को रामानन्द स्वामी से हुआ था। यह ज्ञान मीरा को रवि दास से हुआ था। यह ज्ञान रामकृष्ण परमहंश को तोता राम से हुआ था। यह ज्ञान शिवाजी को वज्रदेव से हुआ था। यह ज्ञान प्रेम रावत जी को उनके पिता हँस जी महाराज से हुआ था। यह ज्ञान राजाजनक को अष्ट़ावक्र से हुआ था। ज्ञानी हर मनुष्य के घट में ईश्वर का ही दर्शन करते हैं। वे मनुष्य और धरती की सारी सृष्टियों को सही सही सजाकर प्रकाशमय करना चाहते हैं और सबको सुख पहुँचाना चाहते है। ज्ञान सफल होने के बाद उनका मात्र यही उद्देश्य रहता है। अज्ञानता में धरती मनुष्य के लिए एक पिंजरा बन जाती है जिसमें रहकर अंधकार में कुछ भी सही नहीं कर पाता है। न सही समझता है और न सही करता है। अतः सतज्ञान हर मनुष्य के लिए आवश्यक है। बिना सतगुरू और ज्ञान का मनुष्य किसी काम का नहीं होता है। और न वह कोई काम ठीक से कर सकता है।

———————

अज्ञानता का अंधकार

जहाँ सतज्ञान नहीं है वहाँ अज्ञानता रहेगी ही। अज्ञानता क्या है ? ज्ञान का अभाव है। अंधकार क्या है ? प्रकाश का अभाव है। प्रकाश के आते ही अंधकार अपने आप भाग जाता है। अज्ञानता का अंधकार होता है जो झूठ से पैदा होता है और मनुष्य के सामने अंधकार फैलाते हुए अशांति तक पहुँच जाता है। झूठ से छलकपट, छलकपट से माया, माया से अज्ञानता, अज्ञानता से अंधकार, अंधकार से अशांति और दुःख। अज्ञानता का अंधकार ऐसा होता है कि मनुष्य का **Spritual death** हो जाता है–**The man who has no self know ledge to die is better than to alive** यदि कहा जाय कि आदमी को भूत पकड़ लेता है तो गलत नहीं है क्योंकि वह सही नहीं रहता है। वह क्या सोचता है, क्या बोलता है, क्या करता है, कैसे रहता है, क्या चिन्तन करता है उसको स्वयं कुछ पता नहीं चलता है। वह जिन्दा जरूर रहता है क्योंकि उसका साँस चलता है लेकिन वह मरा हुआ आदमी होता है। वह जीवन भर धोखा खाता है और दूसरे को धोखा देता है। वह स्वयं अशांत होकर, दूसरे मनुष्य, दूसरे जीव–जन्तुओं, सारी प्राकृतिक चीजों और ईश्वर की सारी कृतियों के क्षति पहुँचाता रहता है। ऐसा पूरी धरती पर देखा जाता है। इसका परिणाम यह होगा कि प्रकृति मनुष्य को माफ न करती है और न करेगी। अभी यह देखा जा रहा है कि मनुष्य, मनुष्य जैसा न जीता है और न रहता है। वह दिन–रात समस्याओं से घिर कर परेशान रहता है। ऐसी जिन्दगी मनुष्य की नहीं होनी चाहिए। ऐसा पूरी धरती पर देखा जा रहा है।

अज्ञानता का अंधकार पूरी धरती पर फैला हुआ है। पूरी धरती पर विषय वासनाओं की आग लगी हुई है और सब के सब उसमें जल रहे हैं। अज्ञानता केवल मनुष्य में होती है और जीव–जन्तुओं में नहीं। वे तो धरती पर आते हैं। अपनी प्रकृति को याद रखते हुए अपना समय काटकर चले जाते हैं। इस पर कबीर दास ने लिखा है–

हित अनहित पशु पक्षीय जाना।
मानुष तन गुण ज्ञान निधाना।।

उनके कहने का मतलब है कि पशु–पक्षी अपनी प्रकृति याद रखते हैं। इसलिए उन्हें अच्छा बुरा का ज्ञान रहता है अर्थात क्या अच्छा है क्या बुरा है वे समझते है लेकिन मनुष्य के साथ यदि ज्ञान नहीं है तो अपनी प्रकृति (मानवता) भूल जाता है इसलिए उसे अच्छा बुरा भी समझ में नहीं आता है।

मनुष्य के जीवन में उसकी अज्ञानता ही उसका सबसे बड़ा दुश्मन है। दूसरा उसका कहीं कोई दुश्मन नहीं है। अज्ञानता में फँसकर वह अपना जीवन जीता है और मर भी जाता है। यदि मनुष्य को ईश्वर से कुछ माँगना चाहिए तो यही माँगना चाहिए कि हे ईश्वर! मेरी अज्ञानता दूर कर दें दूसरा कुछ नहीं माँगना चाहिए। इसी से उसका जीवन साफ–सुथरा और सुन्दर अपने आप हो जायेगा।

अज्ञानता ही मनुष्य को जीवन भर दुःख, चिन्ता, परेशानी, लड़खड़ाहट और चोट देता रहता है। यह उसकी अपनी ही गलती का फल होता है। इसके लिए वह दूसरे को दोष देता है और दूसरे से नफरत करता है क्योंकि अपनी गलती तो मनुष्य को सुझता नहीं है। यदि पूरी धरती से मनुष्य की अज्ञानता हट जाय तो न कहीं कोई सीमा रहेगी, न सेना और हथियार की

जरूरत रह जायेगी, न देश के अन्तर्गत सुरक्षा के लिए पुलिस की जरूरत होगी, न कोर्ट–कचहरी और जेल रह जायेगा, न झगड़ा लड़ाई और युद्ध होगा। चारो तरफ प्रेम और शांति का ही राज्य नजर आयेगा। इसी को रामराज्य कहा जाता है और क्या? आज विश्व में जितना हथियार और युद्ध के Advance lecnology पर खर्च होता है उसका 25% भी मानव कल्याण पर खर्च होता तो पूरे विश्व में कहीं कोई गरीब नहीं रहता। आज मानव की अज्ञानता के कारण ही पूरे विश्व में इतनी गरीबी बढ़ी है कि गरीब लोग न सही खा पाते हैं, न सही सो पाते हैं, न सही रह पाते हैं और न सही सोचकर कुछ कर पाते हैं। ईश्वर की ओर से तो इसका प्रायश्चित मनुष्य के सामने आता है और विकराल रूप में आता रहेगा। यदि मनुष्य से अज्ञानता नहीं हटी और उसके स्थान पर मानवता नहीं आयी तो !

———————

मनुष्य का स्वार्थ और उसका बोझ

मनुष्य के अन्दर 16 (सोलह) अच्छे चीज सतज्ञान के साथ चिपकते हैं और सोलह बुरे चीज अज्ञानता के साथ चिपकते हैं। 16 (सोलह) बुरे चीजों में से एक चीज मनुष्य का स्वार्थ भी है।

स्वार्थ का अर्थ है दुनियाँ के सब चीजों को अपनी ओर खींचना और दूसरे के हित का ध्यान न रखना। यह मनुष्य के अन्दर अपने आप में कचरा है। जब यह मनुष्य में पनपने लगता है तो उसका दुर्गन्ध उसको लगने लगता है लेकिन उसको बुझाता नहीं है। जब इस कचरा को अपने अन्दर से बाहर निकालता है तो उसका दुर्गन्ध बहुत सारे लोगों को लगता है अर्थात जिन लोगों का सम्बन्ध उससे रहता है सारे लोगों को लगता है और उनको दुःख, चिन्ता, परेशानी और अशांति में डालता रहता है। जैसे जब कचरा घर के अन्दर रहता है तो उसका दुर्गन्ध घर के अन्दर लगता है लेकिन जब उसको घर से निकालकर सड़क पर रखा जाता है तो जो–जो वहाँ से गुजरते हैं सबको लगता है।

स्वार्थ नफरत भी पैदा करता है। नफरत अपने आप में अशांति है जिससे प्रेम भंग होता है। चाहे यह बड़े पैमाने पर हो या छोटे पैमाने पर। इससे मनुष्य कृत्रिम परेशानी अपने माथे पर लाद लेता है। अपने भी बेचैन रहता है और दूसरे को भी बेचैन करता है।

स्वार्थ भेदभाव अन्तर और बड़वटवारा भी पैदा करता है। बड़े पैमाने पर देखा जाय तो मनुष्य का स्वार्थ सारे प्राकृतिक चीजों को बाँटकर रख दिया है, जैसे धरती बाँट दिया है, सागर–महासागर, नदी, झील, नाले को बाँट दिया है, पहाड़–पठार,

जंगल को बाँट दिया है, मंदिर–मस्जिद को बाँट दिया है, धर्म को बाँट दिया है, धर्मस्थल, भाषा, वेद, ग्रन्थ को बाँट दिया है, मनुष्य को धर्म, सम्प्रदाय, वर्ण, जाति उपजाति में बाँट दिया है यहाँ तक कि ईश्वर को भी बाँटकर रख दिया है।

छोटे पैमाने पर देखा जाय तो परिवार को बाँटकर मियाँ–बीबी (Husband-Wife) पर लाकर छोड़ दिया है। पहले लोग संयुक्त परिवार में प्रेम और शांति से जीवन जीते थे एक दूसरे का सहयोग सबको मिलता था। माता–पिता और बुढ़े–बीमार भी सही–सही जी लेते थे। परिवार चलाने में खर्च भी कम होता था। मियाँ–बीबी के परिवार में यदि झंझट हुआ तो संतान का भी देखभाल ठीक से नहीं हो पाता है। बुढ़ा–बुढ़ी सर्वत्र असहाय नजर आते है।

आज स्वार्थ पूरी दुनियाँ में चरम सीमा पर पहुँच गया है। जिससे मनुष्य कृत्रिम परेशानी माथे पर लादकर जीवन को बोझिल बनाकर जी रहा है। धरती पर अशांति इतनी बढ़ी है कि यह मानव की जिन्दगी को क्रान्ति में बदल दिया है।

स्वार्थ लालच भी पैदा करता है। आज संसार के सारे लोगों में स्वार्थ और लालच इतनी बढ़ी है कि वे हाथ–पैर तोड़कर पैसे के पीछे पड़े हुए है। जिसके कारण सारे लोगों के माथे पर बोझ इतनी बढ़ी है, इतनी बढ़ी है कि सबके सब Overload में जी रहे हैं चाहे वह किसान हो, व्यापारी हो, उद्योगपति हो, डी0 एम0 हो, एस0 पी0 हो, पी0 एम0 हो, सी0 एम0 हो, प्रोफेसर हो, डॉक्टर हो, लेखक हो, कवि हो, इंजीनियर हो, सेना हो, पुलिस हो, मजदूर हो, शिक्षक हो आदि आदि। सबके सब Overload की परिधि में घिरे हुए हैं तथा शरीर और दिमाग से बेचैन नजर आ रहे हैं। इसका एक ही कारण है सत्य और

सतज्ञान के प्रकाश का अभाव होना और अज्ञानता के अंधकार का बढ़ जाना। इस स्थिति में स्वार्थ और लालच बढ़ता ही है। इस पर एक संत ने लिखा है–

मक्खी बैठी मधु पर पंख गयो लपटाय।
उड़ने की चेष्टा करे लालच बुरी बलाय।।

मक्खी लालच में फँसकर मधु पर उसके मिठास के गन्ध के कारण बैठती है लेकिन जब उड़ना चाहती है तो उसका पंख ही फँस जाता है और वह उड़ नहीं पाती है बल्कि उसी में फँसकर मर जाती है। लालच में फँसने पर यही हाल होता है। यह तो लालच की प्रकृति है।

मनुष्य सारी धरती पर अपने माथे पर रखे बोझ से दबे हुए Overload में और अशांत नजर आ रहे हैं। ऐसा महसूस होता है कि यह संसार भगवान का बनाया हुआ नहीं बल्कि शैतान का बनाया हुआ है और सब जगह शैतान का नाच हो रहा है। कहीं मानवता का राज्य नजर नहीं आ रहा है बल्कि सर्वत्र जंगल राज नजर आ रहा है। मन, पूरे संसार के लोगों को अपनी उँगली पर नचा रहा है और मनुष्य मूर्ति बनकर मन के ईशारे पर बिना सोचे समझे नाच रहा है। संत महात्माओं ने जो भी लिखा है मनुष्य के हित के लिए लिखा है कबीर दास ने बहुत पहले लिखा था–

भूले मन समझ के लाद लदनियाँ,
भूख लगे तो खाना खा ले, आगे हाट न बनियाँ।
प्यास लगे तो पानी पी ले, आगे देश निपनियाँ।
भूले मन समझ के लाद लदनियाँ।
थोड़े लाद बहुत नहीं लादे,
नात टूट जायेगी तेरी गर्दनियाँ।
भूले मन समझ के लाद लदनियाँ।

अन्त में लिखें हैं–

कहे कबीर सुनो भाई साधो काल के हाथ कमनियों चूले मन समझ के लाद लदनियाँ। भूख का मतलब ईश्वर का भूख अन्न का भूख नहीं। प्यास का मतलब ईश्वर की प्यास पानी का प्यास नहीं। ये दोनों मनुष्य के हृदय में लगते है दिमाग में नहीं। हृदय के भूख प्यास को मिटाने से ही मनुष्य का दुःख हटता है और उसको सबकुछ सही सही समझ में आता है। नहीं तो मनुष्य का बुरा हाल हो ही जाता है। मनुष्य को स्वार्थ और लालच में नहीं फँसकर संसार की कम जिम्मवारी माथे पर लेकर जीवन को आगे बढ़ना चाहिए। तब जाकर आदमी का जीवन संसार में शांतिपूर्ण और सही सही रहता है और ईश्वर के मार्ग में भी आगे बढ़ने का मौका मिलता है। क्योंकि ईश्वर को पाने की जगह पूरे ब्रह्माण्ड में धरती ही है और मानव योनि में ही है। दूसरा कहीं कोई उपाय नहीं है। मनुष्य को धरती पर ईश्वर को पाना ही असली जिम्मेवारी है नहीं तो मनुष्य लगभग बीसो करोड़ वर्ष तक ईश्वर के जेल में कैद हो जाता है और संसार में भी अज्ञानता (माया) के अंधकार में कैद ही रहता है। क्योंकि यह संसार तस्वीर और सपना है। इसमें कहीं कोई असलियत नहीं है। स्वार्थ और लालच में फँसकर जीवन को कचरा बनाने की क्या जरूरत है ? त्याग, सहयोग, सद्भावना और प्रेम से ही स्वार्थ और लालच कम होता है।

———————

साँच और झूठ

दुनियाँ और जीवन में क्या सत्य है और क्या असत्य है ? मनुष्य के सामने एक बहुत बड़ा प्रश्न है। यह कोई छोटा–मोटा प्रश्न नहीं है। ज्ञान और समझदारी के अभाव में मनुष्य झूठ को सत्य और सत्य को झूठ मान लेता है तथा इसी को जीवन का आधार बनाकर पूरा जवीन जीता है। यह केवल वर्तमान की बात नहीं है यह प्राचीन काल से चलते आ रहा है। दुनियाँ में जीने का एक लीक बन गया है। पीछे की पीढ़ी के लीक को पकड़कर लोग जीने लगते है। चूकि यह खबर नहीं रहती है कि इस लीक (रास्ता) को पकड़कर जो जिन्दगी को जीया मरने के बाद उसका क्या हुआ ? जो मरा वह आज तक कहीं कोई खबर नहीं किया कि मेरे साथ क्या क्या हो रहा है। न कोई चिट्ठी दिया, न टेलीफोन किया, S.M.S भेजा। जो भी मरा वह मिट्टी हो गया और धरती पर से उसकी कहानी हमेशा–हमेशा के लिए खत्म हो गयी। पूर्वजो के बनाये हुए लीक पर चलना कोई समझदारी और बुद्धिमानी नहीं है। मरा तो वह कहाँ गया और उसके साथ क्या हुआ आज तक धरती पर कोई नहीं जाना। लेकिन संत महात्मा अपने ज्ञानबल से ईश्वर के प्रकाश में सबकुछ देखकर और अनुभव के द्वारा मनुष्य के हित के लिए कुछ बताते हैं और मनुष्य को संभालने की कोशिश करते हैं। यह भी धरती पर होता रहता है। एक संत ने लिखा है–

लीके लीके गाड़ी चले लीके चले कपूत।
लीक छोड़कर तीन चले साधु शेर, सपूत।।

दुनियाँ में बने लीक को छोड़ना कोई साधारण बात नहीं है। बिना ज्ञान के प्रकाश और आत्म बल का संभव नहीं है।

सत्य की व्याख्या :– सत्य वह है जो हमेशा एक समान रहता है। वह बदलता नहीं है क्योंकि उसका आधार मजबूत होता है। सत्य माने ईश्वर और ईश्वर माने सत्य। यह अपने आप में प्रकाश होता है। जो इसे पा लेता है या इसके आस–पास रहता है। उसको रोशनी मिलती रहती है। लेकिन सत्य को पाना जीवन की घोर तपस्या है। इसमें शरीर को कठिनाई होती है लेकिन अन्दर से आदमी इतना सुखी, शांत और निर्भिक रहता है कि शरीर के अन्दर और बाहर का दुःख महसूस नहीं होता है।

सत्य का स्थान ह्रदय है जहाँ ईश्वर निवास करते हैं। इसके आस–पास दया, क्षमा, उदारता, निश्छलता, ईमानदारी, परोपकार, सहायता, शांति, प्रेम और सद्भावना रहती है। ये सब दिमाग और मन के लिए कुछ नहीं होता हैं क्योंकि ये दोनों झूठ का स्थान है लेकिन ये सब ह्रदय के लिए सबकुछ है। जो ह्रदय के साथ या आस–पास रहता है उसके जीवन में चलते–चलते कहीं सतगुरू मिल जाते हैं। सतज्ञान भी दे देते हैं। ईश्वर का राह पकड़कर उनका मंजिल भी पा लेता है। इस भवसागर में उसका नाव इस पार से उस पार हो जाता है। जीवन के असली लक्ष्य को पा लेता है। यहाँ से जीवन सफल करके जाता है, इसके लिए करना क्या है? शुरू में सत्य को पकड़ना है बाद में सब अपने आप होने लगता है। लेकिन ऐसा संसार में बिरले बिरले होते हैं। दुनियाँ में झूठ इतना भरा है इतना भरा है कि सब इसमें डूबही जाते है लेकिन सत्य भी तो है। जिसको जितना संभव हो सत्य पकड़ना चाहिए और इससे अपना नाता जोड़ना चाहिए तथा जितना संभव हो झूठ का त्याग करके उससे नाता तोड़ना चाहिए। तब जाकर जीवन में हरियाली आयेगी और जीवन की शोभा भी बढ़ेगी। झूठ का राह पकड़ने से मनुष्य का जीवन

मरूभूमि हो जाता है जहाँ कहीं कुछ नहीं रहता है।

दुनियाँ और जीवन में क्या–क्या सत्य है

(1) ईश्वर सत्य हैं।

(2) ईश्वर का नाम (सतनाम) सत्य है।

(3) सतगुरू सत्य है।

(4) सतज्ञान की क्रियाएँ सत्य है।

(5) सतज्ञान सत्य है।

(6) ह्रदय से कोई भी सेवा सत्य है।

(7) सही संत और महात्मा सत्य हैं।

(8) सच्चा कर्म सत्य है।

(9) दया–क्षमा, उदारता, सहायता, परोपकार, भलाई, इमानदारी, प्रेम, सद्भावना, सच्चाई आदि (16) सत्य हैं।

(10) जिस चीज को ईश्वर बनाये हैं, जैसे सारी, प्राकृति चीजें सत्य हैं। लेकिन जिस चीज को मनुष्य बनाया है झूठ है।

(11) मनुष्य का ह्रदय सत्य है लेकिन ह्रदय को छोड़कर शरीर का शेष भाग असत्य (झूठ) है।

ईश्वरीय सोच और प्राकृतिक चीजों को जीवन का आधार बनाने पर मनुष्य सत्य का राह पकड़ ही लेता है। जीवन आकर्षक और चमकीला हो जाता है। सत्य के अलावा सब जीवन और दुनियाँ में झूठ है।

झूठ की व्याख्या :– झूठ से ही माया, अज्ञानता, अंधापन और अंधकार पैदा होता है। माया अग्नि के समान है जो इसे पकड़कर

इसी के बीच जीने लगत ाहै उसके जीवन को बीच–बीच में थोड़े समय के लिए उसके मन को क्षणिक खुश करते हुए उसके जीवन को भुलसाने लगती है। भुलसाते–भुलसाते उसके जीवन को राख और मिट्टी बना देती है। मनुष्य यहाँ से राख बनकर ही जाता है। कुछ मनुष्य ऐसे होते है लगभग **30%** जो अन्तिम समय में सोचते हैं कि मैंने अपने जीवन में जो किया सही नहीं किया। तब तक समय निकल गया रहता है। उस समय वे चाहकर भी कुछ कर नहीं पाते हैं। लगभग **48%** लोग ऐसे होते हैं जो घोर अंधकार के साथ दुनियाँ में डूबकर जीते हैं वे इस बात को महसूस भी नहीं करते है क्योंकि माया उन्हें जकड़ी रहती है। वे मरने के समय कहते हैं कि फिर आ रहे हैं। यह कैसे होगा ? जाने के बाद मनुष्य योनि में आने की बात कहाँ है?

लोग अज्ञानता के अंधकार में धन–सम्पत्ति, मकान, जमीन–जायदात, नाम–सोहरत, प्रसिद्धि या अन्य सांसारिक वस्तुओं को बढ़ाना जीवन का लक्ष्य मानकर जीवन भर उसी में लगे रहते हैं। यह पूरा का पूरा झूठा मार्ग है क्योंकि उसके साथ ईश्वर का **Punishment** होता है। आवश्यकता के मुताबिक कुछ करना तो ठीक है। लेकिन ये अधिकाधिक फैलाने में जीवन भर लगे रहने से वे स्वयं दुःख, चिन्ता, परेशानी और अशांति में फँसे रहते हैं और इसी में फँसकर मर भी जाते हैं। मरने पर एक पाई भी नहीं ले जाते है। दोनों हाथ पसारकर चले जाते हैं। लोक–परलोक दोनों दुखदायी हो जाता है। उनका ऐसा सोच धरती पर जंगलराज स्थापित करता है। क्योंकि ऐसा करके बहुतेरे को दुःख, चिन्ता, परेशानी और अशांति में डाल देते हैं। ऐसे सोच से बहुतेरे लोग गरीब बनते जाते है। वे मिहनत करके भी सही जिन्दगी जीने से वंचित हो जाते है। क्योंकि धरती पर सबकुछ ईश्वर की ओरे से सीमित है असीमित नहीं है और सवबके लिए है जो इस समय

यहाँ जिन्दा रहते है। इस प्रकार के गलत सोच से बहुतेरे लोग पेट भरने में ऐसे फँस जाते हैं कि कड़ी मिनत करके भी सही जिन्दगी नहीं जी पाते है और न सही सोच कर सही कुछ कर पाते हैं। ऐसेही सोच वाले लोगों के कारण बहुत सारे लोग गरीबी का शिकार बनकर दरिद्रता की अग्नि में जल रहे हैं। गरीबी भगवान की देन नहीं है। इसके लिए समाज ही जिम्मेवार है। ईश्वर की ओर से तो सब साधन सबके लिए धरती पर उपलब्ध है।

झूठ से कई कुकृत्तियाँ पैदा होती हैं जैसे, छलकपट, धोखा, स्वार्थ, बेइमानी, खुसखोरी, कामना, क्रोध, घमंड, लोभ, मोह, भय, शंका, अज्ञानता, अंधकार, अंधापन, मारना, तंग–तबाह करना, शोषण करना, नफरत, अन्तर, भेदभाव, जमाखोरी, चोरी, डकैती, ठगबाजी, डाह आदि आदि। इसमें से एकही जीवन को खराब करने के लिए काफी है। जबकि लोगों में ये सब कई अवगुण एक साथ देखने को मिलते हैं। बताइये! धरती, प्रकृति और मनुष्य क्यों नहीं अशांत होगा ?

उपर्युक्त अवगुणों में से एक अवगुण छलकपट पर कबीर दास ने लिखा है–

तन उजला, मन मैला बगुला कपटी होय।
तासे कौवा भला तन मन मैला होय।।

बगुला और हँस बाहर से उजाला दिखाई पड़ते हैं लेकिन दोनों की प्रकृति अन्दर से भिन्न–भिन्न होती है। हँस मोती खाता है लेकिन बगुला मछली और कीड़े मकोरे खाता है। लोग बाहर से देखकर बगुला को हँस समझकर धोखा खा जाते हैं। ऐसा भ्रम कौवा के साथ नहीं होता है क्योंकि भीतर–बाहर दोनों काला होने के कारण लोग उससे कम से कम धोखा नहीं खाते हैं। झूठ के मार्ग में मनुष्य छलकपट को अपना कर बगुला के समान हो जाता है। बाहर से

उसका वेश–भूसा सुन्दर रहता है उसकी बोली आकर्षक लगती है। लेकिन अन्दर से उसको गड़बड़ करना रहता है। अर्थात बाहर से वह अपने को दिखाता है कुछ और लेकिन अन्दर से उसको करना रहता है कुछ और। ऐसे लोगों से आदमी आसानी से धोखा खा जाता है। ऐसा सरकार, जनता, नेता, सेना, कोर्ट, जेल, पुलिस, शिक्षक, डॉक्टर वगैरह वगैरह सारे के सारे लोगों में पूरी धरती पर देखा जाता है। सब सबको धोखा दे रहा है और सब सबसे धोखा खा रहा है। यह अभी पूरी धरती पर तूफान के रूप में चल रहा है। बताइये! ऐसी स्थिति में आदमी का क्या होगा ? पढ़ा–लिखा और मूर्ख सब एक समान दिखाई पड़ते है। सब विषय वासना की अग्नि में जल रहे है और पैसे को भगवान मानकर उसको पाने के लिए कुछ भी करने को तैयार हैं। एक संत ने लिखा है–

सच बराबर तप नहीं कि झूठ बराबर पाप।
जाके ह्रदय साँचा है वाके ह्रदय आप ।।

साँच से बढ़कर कोई तपस्या नहीं है न झूठ से बढ़कर धरती पर कोई पाप है। साँच को अपनाना धरती पर अपने आप में तपस्या है। सत्य के मार्ग में जब मनुष्य सोचता है और करता है तो उसका समय परिश्रम और कर्म सब सार्थक हो जाता है। झूठ का मार्ग पकड़कर मनुष्य अपना धरती पर सबकुछ गवाँ देता है। उसका समय परिश्रम और कर्म सब नुकसान हो जाता है।

———

—

ईश्वर का कानून और इसका उलंघन करने पर कड़ा दण्ड

मनुष्य जब धरती पर आता है तो उस पर दो तरह का कानून एक साथ लागू होता है। दोनों कानून का पालन जो व्यक्ति करते हैं वो अपने जीवन को स्वर्ग बनाकर यहाँ से जाते है– (1) सरकार का कानून (2) ईश्वर का कानून

(1) सरकार का कानून :– धरती सहित धरती पर की सारी व्यवस्था ईश्वर की है लेकिन ईश्वर की व्यवस्था के अन्तर्गत मनुष्य अपने ढ़ंग से एक दूसरे तरह की भी व्यवस्था कर दिया है जिसमें ईश्वर की धरती को सीमांकित करके उसकी सारी प्राकृतिक व्यवस्था को देश या राज्य के नाम से बाँट दिया है। अभी प्रत्येक देश की आन्तरिक व्यवस्था को शांतिपूर्ण ढ़ंग से आगे बढ़ाने के लिए उसमें सरकार के नाम से एक संगठन डाल दिया है। काल और परिस्थिति के अनुसार कुछ नियमों का संग्रह करके एक किताब का रूप दिया है जिसको कानून की किताब या संविधान कहते हैं। इसी कानून की किताब के आधार पर सरकार (शासव) जनता (शासित) की वाहरी देख–भाल करके शांति व्यवस्था को कायम रखने की कोशिश करती है। सरकार और जनता दोनों मनुष्य ही होते हैं। दोनों तरह के लोगों को ईश्वर के कानून का पालन समान रूप से करना है और धरती पर सही कर्म करके अपना पेट भी चलाना है। जो भी व्यक्ति सरकार के कानून का उलंघन करता है उसके लिए सरकार की ओर से पुलिस, कोर्ट और जेल (कारागार) की व्यवस्था की गयी है। लेकिन यह सब

दुनियाँ, शरीर और दिमाग तक का ही विषय है। इसके आगे यह कुछ नहीं है। इसलिए यह सारी व्यवस्था असत्य पर आधारित है। मीरा को जब ज्ञान हुआ तो उसने कहा था–

झूठा नाता, झूठी दुनियाँ, झूठी है यह माया, झूठे साँस का आना जाना झूठी है यह काया (शरीर)। गिरधारी रे! जीने का सहारा तेरा नाम रे दुनियाँ वालों से क्या काम रे।

कानून का उलंघन करने वाले को पुलिस पकड़ती है हथकड़ी लगाती है और कोर्ट के माध्यम से जेल में डाल देती है। जेल में आदमी कुछ समय के लिए रहता है फिर निकलकर घर आता है। अधिक से अधिक आजीवन कारावास होता है। मरने के बाद कानून जेल सब अपने आप समाप्त हो जाता है। चूकि यह सब असत्य पर आधारित होता है इसलिए सरकार की व्यवस्था में झूठ खूब चलता है। एकही तरह के कानून के उलंघन में धनी कोर्ट से घर आते है और गरीब जेल चले जाते हैं।

(2) ईश्वर का कानून :– ऐसे सारी सृष्टि की रचना अलख पुरूष अविनासी (ईश्वर) ही करते हैं और दिव्य शक्ति के रूप में उसका देखभाल भी करते है लेकिन मनुष्य की रचना एक विशेष ढ़ंग से करते हैं। इसमें ऐसी ऐसी चीज डालते हैं कि सृष्टि में मनुष्य को छोकर किसी में नहीं होता है। यहाँ तक की देवी–देवताओं में भी नहीं होता है। इसी कारण से संत–महात्माओं ने कहा है कि मनुष्य योनि पाने के लिए देवी–देवता भी तरसते हैं।

ईश्वर असीम कृपा करके ही मनुष्य का शरीर बुनते है। इसमें लगभग नव माह का समय लगता है। उसके हृदय में (यह मनुष्य के शरीर का सत्य भाग है) अपना मंदिर अपने हाथ से बनाते हैं जो परमसुख, परमशांति और परमआनन्द के अनन्त

सागर में स्थित होता है। इसी मंदिर में ईश्वर बैठ जाते हैं लेकिन स्थिर नहीं रहते हैं वे साँस में उपर–नीचे घुमते रहते हैं। वही मनुष्य के साँस को नाचते और गाते हुए उपर ले जाते है और फिर नीचे ले आते है। इसलिए उन्हें अपने साँस में पाया जा सकता है दूसरा कहीं नहीं। उस मंदिर में ऐसे ईश्वरीय यंत्र रखे हैं कि 24 घंटे में 24 घंटे बिना बजाये बजते हैं तथा उस मंदिर में ईश्वर का कीर्तन होता रहता है। उसमें ईश्वर का दीया, तेल और बाती रखा रहता है लेकिन वह जलता नहीं है। वह दीया सतगुरू ही अपने दीया से धरती पर जलाते है न वह दीया स्वयं से जलता है और न दूसरा कोई उसे जला सकता है। ये सब व्यवस्था करने के बाद फिर मनुष्य शरीर की पूरी व्यवस्था करते हैं। इसके बाद धरती पर उसके Needs (हवा, पानी और भोजन) की व्यवस्था जीवन भर के लिए कर देते हैं। इसके बाद धरती पर उसको उतारने के पहले उसे अच्छी तरह समझा देते हैं कि देखों! ''तुमको कुछ निश्चित समय के लिए मैं धरती पर भेज रहा हूँ। वहाँ सारी आवश्यक व्यवस्था तुम्हारे लिए कर दी गयी है। वहाँ जाने के बाद सबसे पहले मेरे मंदिर में दीया जला देना। इसके बाद धरती पर सही कर्म करके जीवित रहना है। फिर निश्चित समय के बाद मैं तुमको बुला लूँगा। यही मनुष्य के साथ ईश्वर का कानून है।'' इसी कानून के तहत मनुष्य धरती पर उतरता है।

ईश्वर धरती को दूसरे ढ़ंग का बनाये हैं लेकिन लोग धरती को दूसरे ढ़ंग का बनाकर रख दिये हैं। धरती पर उतरने के बाद वह अपने मंदिर (ईश्वर के मंदिर) में दीपक जलाना तो भूल ही जाता है। सही कर्म करके अपना पेट भरना भी भूल जाता है। चूकि मनुष्य ही धरती की व्यवस्था गजब ढ़ंग का कर

दिया है। एक जगह कबीर दास ने लिखा है–

आया सब एकही जगह से उतरा एक ही घाट।
हवा लगी संसार की हो गये बारह बाँट।।

यहाँ धरती को लोगों ने ऐसे बाँट कर रखा है कि कोई कहीं गिरता है, कोई कहीं गिरता है, कोई कहीं गिरता है। कोई धनी के घर गिरता है, कोई राजा के घर गिरता है, कोई रंक के घर गिरता है, कोई संत–फकीर के घर गिरता है। जहाँ गिरता है वहीं के अनुससार उसका पालन–पोषण शुरू होता है। इसमें ईश्वर का क्या दोष ? ईश्वर के यहाँ से तो सब एक समान ही आते हैं। यह सब दुनियाँ का दोष है। फिर एक संत ने लिखा है–

भीखा भूखा कोई नहीं सबकी गठरी लाल।
गठरी खोलना भूल गये ताही से भये कंगाल।।

गठरी का अर्थ है ईश्वर का दिया हुआ खजाना जो ह्रदय में बन्द है। चाहे जो जिस व्यवस्था में रहे, ई स्वर के कानून का पालन सबको करना है। अर्थात अपना अपना गठरी सबको खोलना है। मनुष्य किसी भी व्यवस्था में रहकर अपने अन्दर की गठरी को खोल सकता है। चूकि सबमें ईश्वर का मंदिर है और उसको अपने–अपने मंदिर में दीपक जलाना है और ईश्वर के प्रकाश में उनका दिया हुआ खजाना पाना है अर्थात ईश्वर को पहले प्राप्त करना है। तब जाकर वह धरती पर अपने जीवन का राजा (सबसे बड़ा अमीर) बनता है और मोक्ष की प्राप्ती होती है। जन्म–जन्म का जंजीर टूट जाता है। माया उसे छोड़ देती है। काम, क्रोध, मद, लोभ, मोह, दुःख, चिन्ता, परेशानी उस व्यक्ति से इतना दूर चले जाते है कि कभी दिखाई नहीं पड़ते हैं। वह परम सुख, परम शांति, परम आनन्द हमेशा–हमेशा के लिए पा लेता है। उसके कंधों पर से भार हट जाता है। शरीर फूल के समान हो जाता है।

इसके बाद धरती पर सही कर्म करता है। जो सुन्दर आकर्षक और चमत्कार हो जाता है। ब्रह्माण्ड की सारी चीजों को वह अपने अन्दर पा लेता है। सब चीजो को वह सुख देने लगता है और सारी चीजें उसको सुख देने लगती हैं। धरती पर जीवन सफल हो जाता है। लेकिन धरती पर पहले सतगुरू खोजना है और उनसे सतज्ञान लेकर अपने ह्रदय के मंदिर में ईश्वर का रखा हुआ दीपक जलाना है। यदि पहले सतगुरू नहीं मिले तो जवानी, बुढ़ापा कभी भी सतगुरू खोजना है और अपने मंदिर में दीपक जलाना है। जो पहले ईश्वर के मंदिर में दीपक नहीं जलाकर दुनियाँ के काम में लग जाते हैं तो ईश्वर के कानून का उलंघन हो जाता है ईश्वर की ओर से उनका Punishment (दण्ड) मिलना शुरू हो जाता है। ईश्वर और उनकी व्यवस्था केवल सत्य पर आधारित है। कहीं से तिल बराबर भी झूठ का प्रवेश नहीं है। ठीक इसका उल्टा माया और उसकी व्यवस्था झूठ पर आधारित है उसमें कहीं से सत्य का प्रवेश नहीं है। ईश्वर का दण्ड शुरू होते ही माया पकड़ लेती है। यह ईश्वर के जेल का Supertendent है। मन ईश्वर का पुलिस Department है जो आदमी को पकड़कर उसको कामना, क्रोध अभिमान, लोभ, लालच, मोह, भय, संशय की हथुकड़ी पहना देता है। यमराज ईश्वर के कोर्ट का जज (Judge) है जो हर साँस के साथ उसके कर्म का फल लिखने लगता है। यही फल मनुष्य के लिए भावी या होनी बनकर उसके सामने आता रहता है। यमराज Anti curruplion department का Head भी है यहाँ थोड़ा भी झूठ नहीं चलता है। यहाँ सबकुछ सत्य पर न्याय होता है। मनुष्य का दिमाग ही जेल है जिसको माया पकड़ती है वह पूरी तरह दिमाग से जीने लगता है। दिमाग एक ऐसा Bukett है जिसमें झूठ (कचरा) इतना समाता है जितना दुनियाँ के किसी वर्त्तन में नहीं

समा सकता है। मन, अन्दर के अंधकार को बाहर धरती के अंधकार से जोड़कर मनुष्य के सामने घोर अज्ञानता का अंधकार पैदा कर देता है। मन, मनुष्य से ईश्वर के द्वारा दिये गये जीवन की राजगद्दी को छीन लेता है और अपने उसके जीवन की राजगद्दी पर बैठकर मनुष्य को कठपुतली बनाकर डोरी की सहायता से नचाने लगता है। इसलिए तो मन सारी दुनियाँ को अपनी उगली पर उसके दिमाग को आधार बनाकर नचा रहा है और आदमी मन के इशारे पर नाच रहा है।

सबहीं नचावत मन गोसांई।
नाचत है मर्कट की नाईं।। (रामसूचित)

मन सारे लोगों को बन्दर के समान नचा रहा है और आदमी मन के इशारे पर नाच रहा है।

संत रजनीश ने कहा था कि जमीन से उपर हजारो हजारों मील तक अंधकार का क्षेत्र है। मनुष्य वहाँ तक की चीजों को दिमाग से पकड़ सकता है। वहाँ तक दिमाग से सोचने वाला आदमी ईश्वर के जेल में कैद रहता है। उसके उपर ईश्वर का प्रकाशीय क्षेत्र है वहाँ की चीजों को मनुष्य का हृदय पकड़ता है उसका दिमाग नहीं। बताइये जिस चीज को हृदय से पकड़ा जाता है मनुष्य उसे दिमाग से पकड़ना चाहता है यह कैसे होगा?

ईश्वर के कानून को भूल जाने पर मनुष्य को माया पकड़ ही लेती है और उसके पूरे जीवन को चौपट कर देती है। एक संत ने लिखा है–

माया है काली नगीनियाँ डँसे सारा संसारा।
एक ने डँसे संतजना को जिनके नाम अधारा।।

जो व्यक्ति ईश्वर के कानून का पालन करते है अर्थात अपने हृदय के दीये को जलाते है माया वहाँ नहीं सटती है। लेकिन जिनके

हृदय के दीये नहीं जले उनको माया पकड़ कर उनका जीवन खराब कर ही देती है। वे धरती पर दुःख, चिन्ता, परेशानी में हमेशा पड़े रहते हैं। बीच–बीच में मन का सुख बहुत कम समय के लिए आता है और फिर दुःख में बदल जाता है। मरने के बाद लगभग 20 करोड़ वर्ष तक मिट्टी बन जाना है जो दुःखे दुख है। इसी को ग्रंथों में चौरासी लाख योनि में भटकना कहा गया है। ये सब योनि दुःख की ही योनि है। बताइये ईश्वर के कानून का उलघंन करने पर उनका जेल कितना बड़ा और विस्तृत है। इस जेल से छुड़ाने में जिन्दा रहने पर केवल सतगुरू ही मदत कर सकते हैं दूसरा कोई नहीं।

मरने के बाद मनुष्य यहाँ से दो तरह से जाते हैं–(1) वे मनुष्य जिनके दीये सतगुरू के दीये से जलते हैं और जले ही रह जाते हैं। उनके लिए ईश्वर का सिंहासन आता है जिसपर बैठकर ईश्वर के पास जाते हैं। (2) जिनका दीया कभी जला ही नहीं या जलकर बाद में बुझ गया उनको यमराज जंजीर में बांधकर ले जाता है। इस पर कबीर दास ने लिखा है–

आया है सो जायेगा राजा, रंक, फकीर।
एक सिंहासन चढ़ी चले एक बँधे जंजीर।।

मनुष्य जबतक जिन्दा है सही बात को समझकर अपने को बदल सकता है। अगर नहीं समझा तो उसके साथ जो होना है, होना है। जिनको यमराज जंजीर में बाँधकर ले जाता है उनकी हालत जाने के समय ऐही होती है–

आये यमराज तनिक नहीं माने,
मार मार के प्राण निकाले,
नयन ढरे नीर,
हँसा छोर चला पिंजरा को,
खाली पड़ी रही तस्वीर।

जो व्यक्ति ईश्वर के कानून का पालन कर अपने जीवन को सफल करके जाते हैं उनको यमराज छूता भी नहीं है। क्योंकि जिन्दा में ही ईश्वर मिलने के बाद सतगुरू उनका जंजीर खोलकर ईश्वर को थमा देते हैं इसलिए वे ईश्वर द्वारा भेजे गये सिंहासन पर चढ़कर हँसते हुए जाते है। इसी पर संतों ने लिखा है–

जब तुम आया जगत में जग हँसा तुम रोया।
ऐसी करनी कर चलो तुम हँसा जग रोया ।।

जीवन और समय

जीवन मायने साँस और साँस मायने जीवन दूसरा जीवन क्या है? मनुष्य के जीवन से मुख्यरूप से दो चीजें चिपकी हुई हैं–(1) साँस, (2) समय, ये दोनों मनुष्य के साथ–साथ चलते हैं और एक दूसरे से चिपके हुए हैं। एक के नहीं रहने पर दूसरा भी अपने आप हट जाता है। दोनों सीमित मिले हैं ईश्वर की ओर से इसलिए दोनों पर मनुष्य को हमेशा ध्यान रखना चाहिए। इन दोनों को सही कर्म एवं सोच में ही खर्च करना चाहिए और हमेशा समझदारी के साथ सतर्क और सावधान रहना चाहिए ताकि एक साँस और समय का एक एक क्षण व्यर्थ न हो जाय। दोनों हमेशा निकल रहे हैं तथा उनमें से कोई लौटने वाला नहीं है। जीवन का एक साँस और समय का एक क्षण दुनियाँ की सारी सम्पति देने के बाद भी नहीं खरीदा जा सकता है।

(1) साँस :– साँस को जानना और पहचानना ही अपने को जानना और पहचानना है। साँस में ही ईश्वर रमण करते है। साँस का उपर जाना जीवन है लेकिन नीचे आना मृत्यु है। हर साँस के साथ आदमी जीता है और मरता है। साँस जब उपर जाता है तो आदमी का एक क्षण के लिए भरोसा है लेकिन जब नीचे आता है तो फिर आयेगा कि नहीं कोई ठीकाना नहीं है। मनुष्य का जीवन इतना क्षणभंगुर है। आज तक कोई ईश्वर को पाया है तो अपने साँस में दूसरा कहीं मिलने का उपाय नहीं है। इसलिए ब्रह्मा, विष्णु, महेश, ऋषि, मुनि, संत, महात्मा सभी अपने अन्दर साँस का ही ध्यान करते हैं। सतगुरू से सतज्ञान लेकर ज्ञान बल से मनुष्य भी अपने अन्दर साँस में स्थित ईश्वर को पाकर शांति और मोक्ष

प्राप्त कर अपना जीवन सफल कर लेता है। इसी साँस पर कबीर दास ने लिखा है–

जाको ध्यान करे विधि (ब्रह्मा) हरि (विष्णु) हर (महादेव) मुनि जन सहस्त्र अट्ठासी।
सोई हँसा तोरे घट (हृदय) माहीं अलख पुरूष अविनाशी (ईश्वर)।
है समीप पर दूर बतावे दूर की बात निरासी।
कहे कबीर सुनो भाई साधो गुरू बिना भ्रम न जाती।।

ग्रंथो में समुद्र मंथन की बात आती है। उसमें कहा गया है कि देव और दानव एक बार समुद्र में पहड़ा को डालकर तथा साँप को रस्सी बनाकर समुद्र का मंथन किया जिसमें से अमृत का घड़ा, विष का घड़ा और क्या क्या सब निकला। यह तो एक कथा है लेकिन इस शरीर का साँस द्वारा मंथन होता रहता है जिसमें शरीर के अन्दर अमृत युक्त वस्तुएँ और विषयुक्त वस्तुएँ दोनो निकलती हैं। अमृतयुक्त वस्तुएँ–

दया, क्षमा, परोपकार, सहजता, उदारता, ईमानदारी, सहयोग, सच्चाई, प्रेम, सद्भावना आदि। ये 16 होते हैं।

विषयुक्त वस्तुएँ :– मनोकामना (इच्छा), क्रोध, लालच, स्वार्थ, मोह, नफरत, क्रूरता, शोषण, तंगतबाह, शंका, अभिमान, इर्ष्या आदि ये भी 16 होते है।

मनुष्य इनमें से जो अपने शरीर से बाहर यानी दुनियाँ में निकलता है उसी के अनुसार उसको कर्म का फल मिलता है जो होनि बनकर उसके सामने आता रहता है। यह कोई कथा नहीं है यही मनुष्य के साथ होता है जिसका अनुभव मनुष्य

हमेशा जीवन में कर सकता है। बताइये! जिस साँस के साथ ऐसी बातें हैं उस साँस पर मनुष्य अपने जीवन में कभी ध्यान नहीं देता है। ऐसी हालत में मनुष्य के साथ क्या होगा ?

(2) जीवन का समय :– ईश्वर की ओर से पूरी सृष्टि में सभी सजीव और निर्जीव चीजों को निर्धारित करके ही समय मिला है चाहे सूर्य हो, पृथ्वी हो, चन्द्रमा हो, तारे हो, आकाश हो, मनुष्य हो, जानवर हो, पक्षी हो, कीड़–मकोड़े हों, पेड़–पौधे हो, पहाड़, पठार हो, समुद्र–नदी हो आदि आदि। सबके पीछे समय पड़ा हुआ है और छिन्न कर रहा है। छिन्न करते करते एक दिन समाप्त कर देता है। एक दिन कुछ नहीं था आज है, फिर एक दिन कुछ नहीं रहेगा। अलख पुरूष अविनाशी (ईश्वर) हमेशा थे, आज भी हैं और हमेशा रहेंगे। जो मनुष्य ईश्वर को अपने जीवन में पा लेता है अर्थात उनके साथ हो जाता है वह भी रहेगा। **इसी पर कबीर दास ने लिखा है–**

हम ना मरब मरीहें संसारा हमके मिलल, बा जीवानहारा।
ऊ मरिहें त हमहूँ मरब ऊ ना मरिहेत हम काहे मरब।।

मनुष्य के लिए समय को वर्बाद करना दुनियाँ का सबसे बड़ा पाप है। क्योंकि उसका जीवन साँस के साथ–साथ समय से भी जुड़ा हुआ है। एक–एक साँस निकल रहा है और साँस के साथ–साथ उसका समय भी निकल रहा है। इन्हीं दोनों के पाने से आदमी जीवन को पा लेता है। लेकिन इन्हीं दोनों को खोने से आदमी जीवन को खोकर यहाँ से हाथ पसार कर चला जाता है। इसलिए मनुष्य को अपना समय अपने लिए और दूसरे के लिए भी सही सोच और सही कर्म में ही खर्च करना चाहिए।

क्षण क्षण से समय बना है जो समय खोता है वह सेकेण्ड खोता है, मिनट खोता है, घंटा खोता है, दिन खोता है और दिन खोते खाते अपना जीवन ही खो बैठता है। जो अपना जीवन पकड़ता है सेकेण्ड पकड़ता है, मिनट पकड़ता है, घंटा पकड़ता है, दिन पकड़ता है, दिन पकड़ते पकड़ते अपना पूरा जीवन ही पकड़ लेता है। लेकिन बिना सतगुरू और सतज्ञान का ऐसा हो नहीं पाता है। यही आदमी धरती पर सही सोच भी रखता है और सही कर्म भी करता है। सतगुरू से सतज्ञान लेकर ईश्वर मार्ग में परिश्रम करके ईश्वर को भी पा लेता है। वह यहाँ आनन्द और शांति में रहता है और मरने के बाद सदा के लिए असली सुख, शांति और आनन्द पा लेता है। यही जीवन का सफलता है दूसरा कुछ नहीं।

धरती पर लोगों को देखा जा रहा है कि लोग अज्ञानता के अंधकार में दोनों हाथ से अपना समय और साँस फेक रहे है जिसके कारण धरती पर चारो तरफ मानव सभ्यता की दीवाल टूट गयी है और लोग धरती पर जंगल राज स्थापित कर चुके हैं। जंगलराज वह है जिसमें बलवानों के लिए सबकुछ रहता है लेकिन कमजोरों के लिए कुछ नहीं है। बलवान कमजोर का शोषण करते है तथा उसे तंग–तबाह भी करते हैं। इसीलिए तो लोग पूरी धरती पर अशांत होकर जी रहे हैं। वह अपना सबकुछ छोड़ कर केवल पैसे के पीछे पड़ा हुआ है। इसलिए प्रत्येक आदमी को काल और समस्या चारो तरफ से घेर ली हैं। मनुष्य का न वर्त्तमान ठीक है न भविष्य। ऐसी हालत में जीवन का कोईमतलब नहीं है।

संत महात्मा लोग समय को पीछे धकेलना चाहते हैं लेकिन समय धकेलता नहीं है। मनुष्य को अपने जीवन के समय पर हमेशा सतर्क और सावधान रहना चाहिए और समय के

साथ Balence (संतुलन) बनाकर ही चलना चाहिए। मनुष्य का समय कहाँ कहाँ नुकसान होता है ?

(1) गप करने में जो समय लगता है वह नुकसान हो जाता है।

(2) दूसरे के बारे में गलत सोचने में जो समय लगता है वह नुकसान हो जाता है।

(3) समाज, पड़ोस, परिवार के साथ लड़ाई, झगड़ा करने में जो समय लगता है, वह नुकसान हो जाता है।

(4) केश, मुकदमा, कोर्ट, कचहरी करने में जो समय लगता है, वह नुकसान हो जाता है।

(5) तास, जुआ, नशाखोरी या अन्य तरह के ब्यसन में जो समय लगता है वह नुकसान हो जाता है।

(6) पर्व–त्योंहार, जग–जाप, मंदिर–मस्जिद, तीर्थ–प्रयाग, पंथ–ग्रंथ, पूजा–पाठ, लोकाचार आदि में जो समय लगता है वह पूरा का पूरा नुकसान हो जाता है क्योंकि यह भक्तिमार्ग है ही नहीं। चूकि ईश्वर केवल अपनी भक्ति की बात करते हैं। किसी देवी–देवता या अन्य की नहीं। केवल सतगुरू के सतज्ञान से ही ईश्वर की भक्ति होती है।

(7) सांसारिक नाता को ज्यादा जोड़ने और उसे गाढ़ा बनाने में लगे रहने पर मनुष्य का बहुत सारा समय नुकसान हो जाता है।

(8) रिति–रिवाज और आधुनिक टेक्नॉलोजी में ज्यादा फँसने से मनुष्य का बहुत सारा समय नुकसान हो जाता है। इसके लिए कम से कम का ही हिसाब रखा जाय।

मनुष्य के समय के नुकसान को जब कोई संत महात्मा देखता है तो वह रोने लगता है। कबीर दास रोकर ही यह लिखे हैं–

चलती चक्की देख के दिया कबीरा रोय।
दो पाटन के बीच में साबूत बचा न कोय।।

मनुष्य दाना है और समय की चक्की इस संसार में हमेशा चलती है। उस चक्की में सबका सब पीसाकर आटा बन जाता है। फिर आटा से दाना नहीं बन सकता। उस आटा को यमराज खाता है और आटा से पैखाना बन जाता है। सबका सब इस समय की चक्की में पीसाकर कचरा बन बन जाता है। क्योंकि कोई किसी Angle से गिरता है, कोई किसी Angle से कोई किसी Angle से अर्थात सब जाता में तिरछा ही गिरते है और पीसा जाते हैं। लेकिन जो 90^0 पर गिरता है वह कील के पास दाना के रूप में ही रह जाता है। चूकि कील ईश्वर है जो उनके साथ चला जाता है वह बच जाता है। फिर लिखे–

ईश कील जग जाँता दाना सकल जहाँ।
जो जाँता से उबरा चहो धरो मील का ध्यान।।

मनुष्य का समय ऐसा है लेकिन कोई समझने वाला नहीं है कि मेरा समय कितना बड़ा महत्वपूर्ण है।

————

——

धर्म का भ्रम

ईश्वर मनुष्य को धरती पर समझा–बुझा कर भेजते हैं। भेजने के पहलें सबको कह देते हैं कि मैं धरती पर तुम्हारे जीवन भर के लिए सारी आवश्यक व्यवस्था करके तुमको भेज रहा हूँ। तुम्हारे घट (ह्दय) में मैंने अपना मंदिर बनाया है जिसमें तुम्हारे जीवन भर निवास करूँगा। मुझको तुम अपने साँस में देख सकते हो और मुझे पा सकते हो। यह संभावना जीवन भर हमेशा तुमको बनी रहेगी। लेकिन सतगुरू से सतज्ञान लेने के बाद ही यह संभव होगा क्योंकि सतज्ञान भी मेरा ही बनाया हुआ है तथा धरती पर सतगुरू भी मैंही रहूँगा। धरती पर जाकर सही कर्म करना फिर मैं तुमको निश्चित समय के बाद बुला लूँगा। लेकिन मुख्य बात यह होगी कि मेरे मंदिर में दीपक जलाना मत भूलना। अर्थात मुझे पा लेना मत भूलना। यही मनुष्य के साथ ईश्वर का कानून है और इसी का पालन करना मनुष्य का धर्म है। जो ईश्वर की कही हुई बात का पालन नहीं करता है और ईश्वर के नाम पर दूसरा ही दूसरा ही करने लगता है वह सब अधर्म है लेकिन मनुष्य समझता है कि हम धर्म कर रहे हैं।

सबके ह्दय में ईश्वर अपना प्यास डाल दिये है। इसलिए प्रत्येक मनुष्य ईश्वर को खोजता है लेकिन ईश्वर को पाने का मार्ग सब गलत–सलत अपना लेता है। इसलिए वह जीवन भर ईश्वर को खोजता है लेकिन ईश्वर को पा नहीं सकता। उसे ईश्वर की प्यास जीवन भर लगी रहती है और प्यासा बनकर ही मर जाता है। ईश्वर के कानून के मुताबिक सतगुरू ही सतज्ञान देकर के ईश्वर का मार्ग बताते हैं जो मनुष्य के ह्दस से शुरू

होकर ईश्वर के मंजिल तक पहुँच जाता है, ईश्वर मिल जाते है। मनुष्य के ह्रदय में ईश्वर की लगी प्यास हमेशा के लिए बुझ जाती है। क्योंकि ह्रदय के प्यास के लिए ईश्वर ही शीतल जल हैं। ईश्वर की प्यास बुझाने के लिए दूसरा–दूसरा मार्ग अपनाना विल्कुल बेकार है। जैसे यदि आपका रूमाल आपके पॉकेट में हो। उस रूमाल को पूरा संसार में खोजिएगा तो कहीं नहीं मिलेगा। लेकिन जब पॉकेट में हाथ डालिएगा तो रूमाल मिल जायेगा। यही बात है ईश्वर के साथ।

बात यह होती है कि जब मनुष्य धरती पर आता है तो यहाँ प्रबल माया और झूठ का बखेरा चारो तरफ व्याप्त रहता है जिसमें शुरू में आकर्षण और चका–चौंध की रोशनी होती है। बाद में कड़वाहट शुरू होती है जिससे आदमी को पिण्ड छुड़ाना मुश्किल हो जाता है। सबलोग इसी में फँस जाते है और ईश्वर की बात को पूरी तरह भूल जाते हैं। ईश्वर के मंदिर में दीपक जलाना तो भूल ही जाते हैं। धरती पर सही कर्म करना भी भूल जाते हैं। सबलोग माया की दुनियाँ में झूठ के साथ अनाप–सनाप करके अशांति में जीवन भर डूबे रहते हैं।

अन्दर ह्रदय में डाले गये ईश्वर के प्यास के कारण जब मनुष्य उन्हें खोजता है तो यहाँ ईश्वर को पाने का मार्ग धर्म, धर्मग्रन्थ, धर्म के व्याख्याता और नकली गुरू मिलते हैं। ये सब भ्रम से भरे हुए रहते हैं। यदि धर्म में सच्चाई रहती तो पूरी दुनियाँ में एकही धर्म रहता, ईश्वर का एकही धर्मग्रन्थ रहता, उसका पालन करने से लोगों में शांति, सच्चाई, प्रेम, दया, क्षमा, परोपकार तथा इमानदारी आती और लोग मानवता के पुजारी होते, सर्वत्र सबके साथ खुशी की लहर चलती, धरती और प्रकृति हँसती रहती तथा

उनसे सुगन्ध निकलते रहता लेकिन सबकुछ इसका उल्टा ही धरती पर पाया जाता है। इससे साबित होता है कि धर्म्र भ्रम और झूठ से भरा हुआ है।

धरती पर भिन्न–भिन्न धर्म हैं तथा प्रत्येक धर्म में ईश्वर का अलग–अलग नाम हैं, धर्म करने का अलग–अलग ढ़ंग है, अलग–अलग धर्मग्रन्थ है, अलग–अलग धर्म के व्याख्याता है। इसका पालन करने से लोगों में अशांति अदाया, नफरत, बेइमानी, शैतानी, झूठ, लालच, स्वार्थ, शोषण, हत्या, घुसखोरी तंग–तबाह आदि में फँसकर लोग धरती पर मानव सभ्यता के स्थान पर जंगलराज स्थापित कर दिये हैं। जबकि इतना धर्म का पालन कभी नहीं हुआ था। लोगों में छल–कपट इतना बढ़ गया कि सब सबसे धोखा खा रहे है तथा सब सबको धोखा दे रहे हैं। लोग एक दूसरे से तंग–तबाह होकर बेचैनी महसूस कर रहे हैं। इससे साबित होता है कि धर्म में भ्रम का बहुत ज्यादा समावेश हो गया है।

धर्म में भ्रम कैसे आ गया ? यह मनुष्य के सामने एक बहुत गहरा प्रश्न है। जिसमें दो बातों को आधार बनाया जा सकता है – (1) पहला (2) दूसरा

(1) पहला :– किसी भी धर्म के प्रवर्त्तक में ज्ञानी पुरूष का ही नाम रखा गया है। तथा इन्हीं के नाम से धर्मग्रन्थ भी है–

धर्म	धर्मग्रन्थ के नाम	प्रवर्त्तक
हिन्दू धर्म	रामायण	बाल्मिकी
हिन्दू धर्म	रामचरित मानष	तुलसी दास
हिन्दू धर्म	गीता	श्री कृष्ण
हिन्दू धर्म	महाभारत	वेदव्यास

हिन्दू धर्म	वेद	अज्ञात
इसाई धर्म	बाइबिल	इसामसीह
इस्लाम धर्म	कुरान	मुहम्मद पैगम्बर
जैन धर्म		महावीर
बौद्ध धर्म		बुद्धदेव
सीख धर्म		गुरूनानक

ज्ञान मार्ग में या ईश्वरीय मार्ग में ईश्वर को पाने के लिए अक्षर ज्ञान या भाषा पढ़ने की कोई जरूरत नहीं है अर्थात दुनियाँ की पढ़ाई–लिखाई की कोई जरूरत नहीं है। वह तो आनन्द मार्ग है जिसको सच्चाई से पकड़ा जाता है। जब ईश्वर से साक्षात्कार होता है तो ज्ञानीपुरूष के हृदय में ईश्वरीय शब्द (सत्यशब्द) अपने आप उनके बोल–चाल की भाषा में झरने लगते है। वे उन शब्दों को लोगों के बीच उनके कल्याण के लिए अपनी ही भाषा में बोलकर व्यक्त करते हैं लिखकर नहीं। उनके शब्दों को बाद में या उसी समय लिखकर व्यक्त करने वाला कोई दूसरा व्यक्ति होता हैं जिनको भाषा और अक्षर ज्ञान होता है। दूसरा जो लिखता है। वह सत्य के शब्द के साथ या उस शब्द के बदले में अपने दष्टिकोण से भी कुछ शब्द अपने मन से गढ़ के रख देता है अर्थात हू–ब–हू सत्य के शब्द को नहीं लिख पाता है। उसके अपने मन से डाले गये शब्द झूठ होते हैं। इसलिए धर्मग्रन्थ या धर्म में झूठ का भी समावेश हो जाता है, जैसे कुरूक्षेत्र के मैदान में जब अर्जुन लड़ाई से इनकार करके अपना गाण्डीब जमीन पर रख दिया तो कृष्ण सोचे कि अरे। इसको असली ज्ञान नहीं है इसलिए वह ऐसा किया है। कृष्ण अर्जुन को मैदान में अलग ले जाकर सतज्ञान देना शुरू किये। सतज्ञान देने के पहले अर्जुन को

कह दिये कि दिखो! सारा ब्रह्माण्ड मुँह में है और सारे ब्रह्माण्ड में मैं हूँ। तुम केवल मेरी ओर देखो और मेरी बात सुनो। एक अध्याय बोले ज्ञान नहीं हुआ, दूसरा अध्याय सुनाये ज्ञान नहीं हुआ, फिर तीसरा अध्याय बोले तो ज्ञान नहीं हुआ। अन्तिम अध्याय में जब अर्जुन को ज्ञान हुआ तो गाण्डीब तो उठा ही लिया। इसके बाद कृष्ण से कहा कि मुझे माफ कर दीजिए। मैं तो आपके साथ खेलता था, सोता था, बैठता था लेकिन मैं आपको जानता नहीं था। बात यह कि कृष्ण ने अर्जुन को जो उपदेश दिया वही गीता बना। कृष्ण गीता को मुँह से बोले थे लिखकर व्यक्त नहीं किये थे। बाद में कोई लिखा होगा। अर्थात गीता में केवल सत्य के शब्द नहीं हैं। कृष्ण गीता बोलकर भूल गये लेकिन आज भी लोग उसको याद करने में लगे हुए हैं।

जब वेदव्यास महाभारत लिखने के लिए तैयार हुए तो उन्होंने कहा इसको लिखेगा कौन ? मैं लिख नहीं सकता हूँ तो काला सिर वाला गणेश को बुलाया गया। जब गणेश लिखने के लिए बैठे तो वेदव्यायस ने कहा कि केवल उसी शब्द को लिखना जो शब्द तुमको समझ में आवे। जो शब्द तुमको समझ में नहीं आवे उसे मत लिखना।

उसी समय गणेश ने भी कहा कि मेरा भी एक प्रश्न है। सोचकर एक शब्द भी मत बोलिएगा। धारा के रूप में ही शब्द बोलिएगा ताकि सारे शब्द हृदय के हो। यही बात है कि धर्म ग्रंथ लिखने वाला जो दूसरा होता है वह अपने दृष्टिकोण से उसमें शब्द डालिए देता है। वे सारे शब्द झूठ होते हैं। इसलिए धर्म ग्रंथ या धर्म में झूठ का भी समावेश हो गया है। धर्म मानने वाला या धर्म ग्रंथ पढ़ने वाला उसको अपने अनुभव से शब्द छाँट कर

नहीं पकड़ता है। वह सारे शब्दों को सत्य मानकर पढ़ता है और पकड़ता है। झूठ के शब्द को वह ज्यादा पकड़ता है। सत्य शब्द उससे पकड़ता नहीं है।

झूठे झूठ लखाय।

झूठ–झूठ को स्तंभ के समान पकड़ता है।

धर्म के व्याख्याता लोगों का भी यही हाल होता है। यही कारण है कि लोग धर्म करते हुए सुधरने के बदले बिगड़ जाते हैं।

(2) दूसरा :– किसी भी धर्म को लेकर देखा जाय तो उस समय धरती पर कोई न कोई महत्वपूर्ण घटना हुई रहती है। उसी घटना का वर्णन कुछ उपदेशों के साथ उसकी पुनरावृत्ति को रोकने के लिए किया गया है। उसी को धर्म में बाँध दिया गया है। इसलिए कोई धर्म 5000 वर्ष पहले का, कोई 4000 वर्ष पुराना, कोई 3000 वर्ष पुराना, कोई 2000 वर्ष पुराना, कोई 1500 वर्ष पुराना है। लेकिन सभी धर्मों का मूल सनातन धर्म ही है। जिनके मूल में दया, क्षमा, सच्चाई, सहजता, निश्छलता, ईमानदारी है। लोग इसको नहीं पकड़कर दूसरी ही दूसरी बात पकड़ने लगता है। इसलिए सुधरने के बदले बिगड़ जाता है। सोचने पर एक बात का पता चलता है। जो भी जब धर्म बने हैं उस समय के काल परिस्थित के मुताबिक बने हैं। दुनियाँ तो रोज बदलती है। आज की दुनियाँ उस समय की दुनियाँ से बहुत भिन्न थी। इसलिए धर्म का आज की दुनियाँ से मेल नहीं बन रहा है। यह नीरस सा हो गया है। इन्हीं सब कारणों से धर्म में भ्रम भर गया है। इसी पर कबीर दास ने लिखा है–

लगा चुन्दरी में दाग छुराउँ कैसे।
कैसा दाग भ्रम का दाग।।

यह दाग सत्य के साबून यानि सतगुरू के सतज्ञान से ही धोया जा सकता है। दूसरा कोई उपाय नहीं है।

कबीर दास जी एक जगह लिखे हैं–

मोर हीरा भूला गये कचरे में।
दिन बिताये खा करके,
रात बिताये सोये,
हीरा जनम समझा नहीं,
अन्त समय पछताये,
मोरा हीरा भूला गये कचरे में।
कोई पूरब कोई पश्चिम खोजे,
कोई पानी कोई पथरे में,
मोर हीरा भूला गये कचरे में।
कोई पाँच कोई पच्चीस गिने,
रहि गये सब तीन के भीतरे में,
मोर हीरा भूला गये कचरे में।
सूर, नर, मुनि सब पीर औलिया,
फँसी गये सब नखरे में,
मोर हीरा भूला गये कचरे में।
कहे कबीर जो हीरा पहिचाना,
बाँध लिए अपने अँचरे में,
मोर हीरा भूला गये कचरे में।

उनके कहने का मतलब है कि ईश्वर (सत्य) जिसको पकड़ने से मनुष्य का सबकुछ होने वाला है। वह दुनियाँ के झूठ में गायब हो गया है और दुनियाँ उन्हें झूठ में खोज रही है।

इन्हीं सब कारणों से प्रेम रावत जी महाराज सभी धर्मों से उपर उठकर दुनियाँ के सारे मनुष्यों को सतज्ञान देकरक तथा उसी के साँस से जोड़कर मनुष्य के सामने मानवता प्रगट करके इस युग में सतयुग का बीज छीट रहे हैं और पूरे संसार में शांति स्थापित करना चाहते हैं। उनका संदेश भी इसी पर आध ारित है।

———————

————

मनुष्य और प्रेम

यदि गहराई से सोचा जाय और बिचार किया जाय तो पता चलता है कि मनुष्य के जीवन का आधार ही प्रेम है। जीवन का कोई चीज मूल है तो उसका नाम प्रेम है। यदि मनुष्य के जीवन से प्रेम हटा दिया जाय तो कुछ नहीं बचेगा। प्रेम को दो भागों में बाँटा जा सकता है। (1) सच्चा (असली) प्रेम (2) झूठा (नकली) प्रेम

सच्चा प्रेम :– यह प्रेम हृदय से शुरू होता है और ईश्वर तक पहुँच जाता है। यह प्रेम हमेशा–हमेशा के लिए कायम रहता है। यह कभी भंग नहीं होता है। बिना प्रेम के भक्ति नहीं होती है। जब प्रेम से भक्ति होती है तब ईश्वर खुश होते हैं तब जाकर ईश्वर से साक्षात्कार होता है। जिस भक्ति में प्रेम नहीं होता है तो न ईश्वर खुश होते हैं और न भक्ति का कोई फल होता है। एक संत ने लिखा है–

बिनु जाने प्रतीति ना होई,
बिनु प्रतीति प्रेम नहीं होई,
बिनु प्रेम भक्ति नहीं होई,
बिनु भक्ति मिलन (साक्षात्कार) नहीं होई।

सतगुरू जब ज्ञान देते हैं तो वे मनुष्य रूप में आमन–सामने देते हैं। गुरू और शिष्य एक दूसरे को देखते रहते हैं। इसके बाद उनके द्वारा दी गयी क्रिया और वाणी पर विश्वास करना पड़ता है। गुरू से लगन लगना सबसे कठिन काम है। इसपर कबीर दास ने लिखा है–

गुरू से लगन कठिन है भाई,
बिना सतगुरू के काज न सजिहें,
जीव प्रलय होई जाई,
गुरू से लगन कठिन है भाई।

बहुत सारे शिष्य गुरू से प्रेम में जुड़ने में ही Fail हो जाते है। इसलिए ईश्वर तक पहुँचने का सवाल ही नहीं है। गुरू का प्रेम ही ईश्वर के प्रेम से जोड़ देता है तब जाकर ईश्वर की भक्ति शुरू होती है। इसी भक्ति से ईश्वर मिल जाते हैं। जीवन सफल हो जाता है। कहने का मतलब की प्रेम ही गुरू से जोड़कर ईश्वर तक पहुँचा देता है। यही असली प्रेम है। ईश्वर मिलने के बाद ही मनुष्य को अपने से प्रेम होता है। इसके बाद ब्रह्माण्ड की सारी चीजों से प्रेम हो जाता है। सर्वत्र सबकुछ प्रेमय और ईश्वरमय लगने लगता है। सारी चीजों को वह सुख देने लगता है और सारी चीजें उसको सुख देने लगती हैं। हमेशा हमेशा के लिए सर्वत्र सबकुछ उसके लिए आनन्दमय हो जाता है। प्रेम वो चीज हैं। इसी प्रेम पर रहीम जी ने लिखा है–

पोथी पढ़ी–पढ़ी जग मुआ पंडित हुआ न कोय।
ढाई अक्षर प्रेम का पढ़े से पंडित होय।।

असली प्रेम ऐसा है जिसके लिए न कोई समय है, न जिम्मेदारी है, न कोई समझ है, न कोई नासमझ है, केवल प्रेम है, प्रेम है, प्रेम है। वह तो केवल अपने प्रेमी को देखना चाहता है दूसरे को नहीं। वह अपने प्रेमी के लिए सबकुछ छोड़ देने के लिए तैयार हो जाता है। इस प्रेमे के लिए लाखों कोस की दूरी कोई चीज नहीं रह जाती है और न जीना–मरना कोई चीज रह जाता है। इस लिए एक संत ने लिखा है–

प्रेम न बाड़ी उपजे प्रेम न हाट बिकाय।
राजा प्रजा जो रूचे सीस देई ले जाय।।

प्रेम का तार ईश्वर से जुड़ने लगता है या जुड़ जाता है तो उसे कदापि नहीं तोड़ना चाहिए नहीं तो आदमी छिन्न–भिन्न हो जाता है और कहीं का नहीं रह जाता है। इस लिए असली प्रेम के बारे में ही रहीम जी लिखें हैं–

रहीमन धागा प्रेम का मत तोड़ो चटकाय।
टूटे फिर जुटे नहीं जुड़े गाँठ पड़ी जाय।।

झूठा प्रेम :– यह नकली प्रेम है जो संसार में नाता जोड़ने के कारण माया के अधीन पैदा होता है। यह प्रेम, मोह और वासना है जो स्वार्थ की मील पर टिका रहता है। न इसमें कोई असलियत है न यह टिकाउ है। कभी न कभी इसको भंग होना तय है क्योंकि इसमें लेन–देन होता है। असल बात यह है कि यह प्रेम है ही नहीं, यह तो मोह है। लेकिन लोग इसको भी प्रेम ही कहते हैं। क्योंकि संसार में डूबकर जीने वाले की इसी प्रेम से जिन्दगी चलती है। ईश्वरीय प्रेम को वे न जान पाते हैं, न उस दिशा में चल पाते हैं। मरने के समय झूठा प्रेम अपने आप सब तरफ से समाप्त हो जाता है। उनको अपना कहने के लिए कहीं कुछ रहिए न जाता है। लेकिन ईश्वरीय प्रेम हमेशा–हमेशा के लिए कायम रहता है चाहे वह जिन्दा हो या मर जाय कोई फर्क नहीं पड़ता है। ईश्वरीय प्रेम के बारे में ही कबीर दास ने लिखा है–

मरते–मरते जग मुआ,
मरना जाने न कोय,
एक बार ऐसे मरो,
फिर से मरना न होय।।

अगर ईश्वरीय प्रेम में किसी का प्राणान्त होता है तो केवल शरीर

छुटता है। यह तो मरने के बाद भी जिन्दे रहता है क्योंकि वह तो ईश्वर के साथ उनके नाव में बैठ जाता है। ईश्वर तो अविनाशी हैं तो वह भी अविनाशी हो जाता है। इसी कारण से कबीर दास ने लिखा है–

हम न मरब मरिहें संसारा,
हमके मिलल बा जीआवन हारा,
ऊ मरिहें त हमहूँ मरब,
ऊ ना मरिहें त हम काहे मरब।

झूठा प्रेम जीवन में नफरत में भी बदल जाता है। क्योंकि यह तो स्वार्थ की कील पर टिका रहता है। यदि स्वार्थ सिद्ध होता है तो प्रेम है यदि स्वार्थ सिद्ध नहीं होता है तो प्रेम नफरत में बदल जाता g$t B&Party Polities में यह खूब देखा जाता है। पति–पत्नी में भी यह देखा जाता है, बाप–बेटा में भी देखा जाता है, भाई–भाई में भी देखा जाता

है, भाई–बहन में भी, बहन–बहन में भी मित्रता में, कुटुम्ब परिवार में, अड़ोस–परोस में, सब जगह यह देखने को मिलता है।

वस्तु के साथ भी लोग प्रेम करते है तो यही बात यहाँ भी देखने को मिलती है, जब लोग नया पोशाक खरीदाता है तो नया में उससे खूब प्रेम रहता है। ज्योहीं वह पुराना होता है कि फेंक देता है। यदि नया ड्रेस खरीदता है और खरीदने वाला ही मर जाता है तो ड्रेस ही उस आदमी को छोड़ देता हैं। कहाँ चला जाता है प्रेम, कोई नया सुन्दर आलीशान महल बनवाता है। नया में खूब प्रेम और चहल–पहल रहता है। यदि बनवाने वाला मर गया तो मकान ही उसे छोड़ देता है। यदि मकान पुराना हो गया और जहाँ–तहाँ दरार पड़ गया तो उसमें रहने वाला उस मकान से

नफरत करने लगता हैं तथा उसे ढ़ाहकर दूसरा नया मकान बनवाता है। इसी पर कबीर दास ने लिखा है–

कबीरा गरब न कीजिए ऊँची देखी आवास।
काल्हि परऊँ भव लोटना उपरी जामे घास।।

दुनियाँ में जितने मकान हैं चाहे वह कितना भी सुन्दर, ऊँचा और आलीशान हो। एक दिन वह ढह–ढूह जाता है और उसके उपर घास जनम जाता है।

दुनियाँ में जहाँ कहीं देखिये और गौर कीजिए तो झूठा प्रेम स्वार्थ पर ही टिका हुआ दिखाई पड़ता है और एक न एक दिन टूट जाता है। ऐसे प्रेम को गाढ़ा बनाने में लगे रहने से क्या फायदा ? दुनियाँ में हल्का नाता और प्रेम रखा जाय ताकि जीवन आसानी से आगे बढ़ता रहे और ईश्वर से प्रेम का तार जोड़कर इस प्रेम को गाढ़ा बनाने में लगे रहिए नहीं तो जिन्दा में भी दुःख, चिनता, परेशानी से घिरा रहना पड़ेगा और मरने के बाद दुःखे–दुःख।

जो प्रेम छिन में चढ़ता है और छिन में उतरता है उसे नकली प्रेम कहते ही हैं क्योंकि उसमें स्थायित्व नहीं होता है, वह मन से शुरू होता है और मन में ही विलीन हो जाता है। इसका मार्ग दुनियाँ की ओर जाता है तथा दुनियाँ में ही समाप्त हो जाता है। इस पर कबीर दास ने लिखा है–

छिन ही चढ़े छिन ही उतरे सो तो प्रेम न होय,
अघट प्रेम पिंजरे बसे प्रेम कहावे सोय।
जो प्रेम भंग होने वाला है वह प्रेम है ही नहीं।
असली प्रेम तो हड्डी में समाया रहता है जो
कभी नहीं हटता है।

जीवन का सच्चा राह

दुनियाँ में ईश्वर तक जाने के लिए रीति–रिवाज से जो रास्ता बना है वह पूरा का पूरा झूठ है। उसमें फँसने और करने से कोई फायदा नहीं है क्योंकि इससे ईश्वरीय प्रेम हो ही नहीं सकता। यह झूठ–मूठ का मन की संतुष्टी है कुछ समय के लिए। बाद में फिर आदमी का वही हाल हो जाता है वह बदलता कहाँ है? ईश्वर मार्ग में कुछ करने से आदमी अन्दर से बदलने लगता है, उसका दुःख भागने लगता है और उसको सुख आने लगता है।

असली प्रेम हृदय से शुरू होता है जो सतगुरू से होकर ईश्वर तक पहुँच जाता है। वह एक बार चढ़ता है तो फिर कभी नहीं उतरता है। यह हमेशा–हमेशा के लिए कायम रहता है। इसलिए ईश्वरीय प्रेम (असली प्रेम) को ही जीवन में गाढ़ा बनाना चाहिए, नकली प्रेम को नहीं। इसको संसार में काम चलने लायक ही रखना चाहिए।

—————

———

कर्म का फल

मनुष्य जब कुछ सोचने समझने लायक हो जाता है तो उसे विचार करना चाहिए कि इस दुनियाँ में क्या करना और पाना संभव है तथा क्या करना और पाना संभव नहीं है। जो मनुष्य इस बात को समझ जाता है उसका तो जीवन सफल हो जाता है लेकिन जो नहीं समझता है उसका जीवन धरती पर पूरी तरह असफल हो जाता है। इस धरती पर 95% से अधिक लोग असली बात को नहीं समझते हैं। केवल बहुत कम लोग ही समझ पाते हैं। इसलिए पूरी धरती पर अशांति और शैतान का राज्य फैलते–फैलते इतना ज्यादा फैल गया है कि सारे लोग शांति के बदले क्रान्ति में जीवित रहकर किसी तरह जिन्दगी को काट रहे हैं। मनुष्य का जीवन ईश्वर की ओर से हँसकर जीने के लिए मिला है, रोकर जीने के लिए नहीं। मनुष्य की ऐसी दशा अपने ही करनी का फल है।

मनुष्य का जीवन ईश्वर की ओर से एक मौका है। इसके लिए धरती ही एक साधन है जहाँ मनुष्य का उद्धार संभव है। यहाँ सही साधन भी है और गलत साधन भी है जो सही साधन का सही उपयोग करता है। वह तो हँसकर जीते हुए अपने जीवन को सफल कर लेता है और जीवन का पूरा–पूरा आनन्द ले लेता है। लेकिन जो व्यक्ति उपलब्ध साधन का गलत उपयोग करता है या सही साधन का गलत उपयोग करता है। वह दुःख, चिन्ता, परेशानी से जीवन भर घिरा रहता है और उसी में फस्सकर मर भी जाता है। मनुष्य शरीर जो मोक्ष का दरवाजा है उसको नरक का दरवाजा बनाकर यहाँ से चला जाता है।

मानव जीवन से तीन चीजें जीवन भर चिपकी रहती है– (1) समय (2) साँस (3) कर्म।

समय हर क्षण शरीर को छिन्न करता है और उस क्षण में साँस जो उपर–नीचे जाता है उसी के द्वारा उसके कर्म का फल उसके हृदय में अंकित हो जाता है। जब तक साँस चलता है यह क्रम अनवरत जारी रहता है। यही कर्म का फल भावी या होनि या करमगति बनकर मनुष्य के भविष्य में लोक–परलोक में उसके सामने आता रहता है। इसलिए मनुष्य अपने ही कर्म से प्रभावित होता है। दूसरे के कर्म का फल दूसरे को नहीं मिलता है। इसी पर कबीर दास ने लिखा है–

करता था सो क्यों किया अब बकरि क्यों पछताय।
रोपा पेड़ बबुल का तो आम कहाँ से खाय।।

फिर कबीर दास ने लिखा है–

करमगति टारै नाहीं टरि।
होनि तो होके रही।
अनहोनि ना होय।

फिर एक जगह आता है कि होनि हु मिटा सकहीं त्रिपुरारी।

होनि ऐसा प्रबल होता है कि स्वयं ईश्वर भी नहीं मिटाते हैं क्योंकि यहाँ सकना शब्द लगा हुआ है दूसरा तो कोई इसे छू भी नहीं सकता है। यह इतना प्रबल होता है। इसी पर एक संत ने लिखा है–

सो–परा दुःख पाई के सिर धुनि धुनि पछताय।
काल ही कर्म ही ईश्वरा नाहक दोष लगाय।।

कर्म का ही फल मनुष्य के सामने लोक–परलोक दोनों में आता है। जब उसको एहसास होता है तो वह सिर

पटक–पटक रोता है लेकिन इसमें ईश्वर का क्या दोष? यह तो समय के साथ जो कर्म किया है उसी का फल है।

जैसा कि रामचरित मानस में एक जगह आता है कि रामचन्द्र जी की गद्दी की तैयारी हो रही थी। इसी बीच राम के बनवास की बात आ गयी। भरत जी उस समय ननिहाल में थे। उनको जब खबर हुई और वे पहुँचे तो सबसे पहले वशिष्ठ मुनि से मिले। वे उनसे पूछे कि आप मेरे कुल गुरू हैं। आपके रहते ऐसा क्यों हुआ? वशिष्ठ मुनि रो–रो कर कहने लगे–

सुनहूँ भरत भावी प्रबल बिलखी कहे मुनिनाथ।
हानि, लाभ, जीवन, मरण, यश, अपयश विधि हाथ।।

ये छः भावी हैं जिसको न कोई जान सकता है और न टाल सकता है। यह सीधे ईश्वर की ओर से मनुष्य के सामने पहुँच जाता है। यह होता है कर्म का फल। इससे पता चलता है कि कर्म ही मनुष्य के जीवन में सबसे प्रबल है जिसे सोचकर, संभल–संभलकर और सर्तकता से ही करना चाहिए। लोग समझते है कि पेट के लिए कुछ करना है तो अपने मन से पेट के लिए भिखारी बनकर जैसे तैसे कुछ करने लगते हैं। वह ज्ञानहीन होने के कारण ऐसा समझ नहीं पाता है कि कर्म का वजन कितना भारी है। यदि जैसे–तैसे पेट को भरना रहता तो पेट उपर रहता और दिमाग, बुद्धि तथा सोच विचार नीचे रहता। लेकिन ईश्वर माथा उपर रखे हैं जिसमें दिमगा, बुद्धि और सोच–विचार डाल दिये हैं तथा पेट को नीचे रखे हैं। इसलिए दिमाग, बुद्धि और सही सोच–विचार रखते हुए समझदारी से ही पेट भरना चाहिए। पेट भरना कोई कठिन काम नहीं है। जो नव माह माँ के गर्भ में पेट भरता है। वही बाहर आने पर जीवन भर पेट भरता है। मनुष्य को केवल सही कर्म करना है।

कर्म पाँच चीजों से जुड़ा हुआ है और पाँचों का फल मनुष्य के सामने आता है :–

(1) सोचना (Thinking) (2) रहना) Leaving)
(3) बोलना (Speaking) (4) करना (Doing)
(5) चिन्तन करना (Main attention)

(1) सोचना (Thinking) :– किसी के प्रति गलत नहीं सोचना चाहिए क्योंकि उसका फल बुरा मिलता है। दिन–रात दुनियाँ के बारे में सोचने का फल बुरा होता है। क्योंकि यह झूठा मार्ग है। दुनियाँ की दिशा में भी सत्य को आधार बनाकर सोचना चाहिए। भूत और भविष्य दोनों झूठ है। वर्तमान सत्य है। भूत की बात सोचने से कोई फायदा नहीं है तथा भविष्य के लिए सोचकर जो Planing किया जाता है उसकी पूर्ति ईश्वर की इच्छा से उसके कर्म के अनुसार ही Pass होता है। इसलिए आदमी के सब इच्छा की पूर्ति नहीं होती है। आदमी बेतरतीब ढंग से इच्छा करता है। ईश्वर उसकी पूर्ति सही ढंग से करते है। इसलिए आदमी को दुःख होता है। इसमें सोच समय और कर्म तीनों नुकसान होता है और इसका फल भी अच्छा नहीं होता। यदि वर्तमान को सही ढंग से सोच समझकर कर्म किया जाय तो वर्तमान भी ठीक रहेगा और भविष्य में भी अच्छा फल सामने आयेगा। क्योंकि मनुष्य के लिए वर्तमान ही सत्य और ईश्वरीय भी है।

(2) रहना) Leaving) :– दुनियाँ में बहुत सारी चीजें हैं। उनमें से उन्हीं वस्तुओं को अपनाया जाय जिनके बिना आपको जीने, रहने और सही कुछ करने में कठिनाई होती है। जिसके बिना आपका काम चल सकता है। उनको दूसरे के लिए छोड़ दिया

जाय। अर्थात जीवन में कम से कम वस्तुओं को अपनाकर जीवन को आगे बढ़ाया जाय। किसी चीज का बहुत दिनों के लिए स्टॉक नहीं किया जाय नहीं तो वस्तुएँ खराब भी होती हैं और दूसरे पर उसका असर खराब पड़ता है। इस पर एक संत ने लिखा है–अगहा अपनी मौत से कोई बसर नहीं। सामान तो सौ साल की पल की खबर नहीं। बहुत आगे की बात केवल मनुष्य सोचता है तथा सोच सोचकर बहुत से सामानो के साथ वह अपने को जोड़कर 100–200 वर्ष तक के लिए इकट्ठा करके रख लेता है लेकिन वह कब सर जायेगा इसकी कोई खबर उसको नहीं रहती है। अर्थात आगे एक पल का भी उसे ठीकाना नहीं है। ऐसा करना जीवन में जाल फाँस के सामन होता है। क्योंकि इसी में फँसकर आदमी मरता है और दूसरे पर भी बुरा प्रभाव डाल देता है।

(1) मनुष्य को निम्न बातों पर ध्यान देना चाहिए। जरूरत से अधिक चीजो को अपनाने और उससे नाता जोड़ने का फल बुरा होता है।

(2) धरती पर बहुत सी चीजों को घेर छेंक कर रखने का फल बुरा होता है।

(3) खाने–पीने, रहने में सामानों को नुकसान करने का फल बुरा होता है।

(4) किसी का कुछ क्षति करने का फल बुरा होता है।

(5) किसी से नफरत करने का फल बुरा होता है।

(3) **बोलना (Speaking)** :– बोलना मनुष्य के लिए एक बहुत ही समझदारी की क्रिया है। ऐसा थोड़े है कि मुँह है तो कुछ भी बोलने रहेंगे। जो बक–बक बोलता है उसके बारे में स्पष्ट कहा जा सकता है कि वह प्रथम दर्जा का ऐसा मूर्ख है कि वह कुछ नहीं जानता है जैसे– कुत्ता का बच्चा कुछ भी देखता है तो भों भों करने लगता है इसलिए कि वह कुछ नहीं जानता है। लेकिन वही कुत्ता जब स्याना होता है और सभकुछ समझ लेता है। तो वह जरूरत के मुताबिक बोलता है। ठीक इसी प्रकार जो मनुष्य सबकुछ समझ लेता है तो वह जरूरत के मुताबिक सोच–समझकर सही बात होलता है। बोलने में क्रोध कभी नहीं आना चाहिए। बोलने की गड़बड़ी के कारण मनुष्य जीवन में बहुत ज्यादा फँसता है। उसका शरीर तबाह–तबाह होकर रह जाता है। बहुत से लड़ाई–झगड़ा का कारण बोलना ही है। बोलने की गड़बड़ी के कारण दिमाग पकड़ता है और हाथ लड़ने लगता है। शरीर तबाह होता है। जीवन उलझ जाता हैं। संतो ने जो भी लिखा है मनुष्य की भलाई के लिए ही लिखा है दुख के लिए नहीं :– **बोलने के सम्बन्ध में एक संत ने लिखा है–**

ऐसी वाणि बोलिए मन का आपा खोल।
औरन को शीतल लगे आपहुँ शीतल होय।

संत के कहने का तात्पर्य यह है कि मनुष्य को सोच–समझकर, मन पर का मैल हटाकर हृदय के मुँह से ऐसी बात बोलनी चाहिए कि कहने बोले और सुनने वाले दानों का हृदय खुश हो जाय। मन को खुश करने के लिए मत बोलिए।

(4) करना (Doing) :– करने का मतलब काम करना है। मनुष्य जो शरीर के बाहर कुछ करता है वह काम अपना नहीं दूसरे का काम करता है। दूसरे का काम करना दूसरे की सेवा हेाती है। काम करना बड़ा या छोटा नहीं होता है। सेवा का क्षेत्र बड़ा या छोटा होता है। काम करने से ही आदमी का पेट भरता है। किसी तरह से कुछ भी करके पेट भरना ठीक बात नहीं है। ऐसा करने में अपने पर भी बुरा प्रभाव पड़ता है और दूसरे पर भी। आदमी का माथा उपर है और पेट नीचे है ऐसा ईश्वर ने ही बनाया है। माथा में दिमाग सोच–विचार, बुद्धि और समझदारी से काम करके ही पेट भरना चाहिए। ताकि अपने लाभ हो लेकिन दूसरे को हानि नहीं हो। यदि किसी तरह से पेट भरना रहता तो ईश्वर पेट उपर रखते और माथा नीचे रखते। काम करने में या सेवा करने में ईमान तथा मन का संयोग होना चाहिए। नहीं तो काम ठीक ढंग से पूरा नहीं होता है और आदमी दोष का भागी बनता है। काम करने से पहले कम से कम 5 सेकेण्ड तक सोचना चाहिए कि हम जो करने जा रहे हैं वह ठीक है या नहीं। यदि हृदय से हाँ आवे तभी करना चाहिए। मन से नहीं हृदय से पूछिए। काम करके पछताने से क्या फायदा। क्योंकि कर दिये वह नहीं लौटेगा अब उसका फल आपके सामने आयेगा। उसके लिए तैयार रहें। काम करना इतनी सावधानी की चीज है। यह कोई छोटी–मोटी बात नहीं है।

(5) चिन्तन करना (Main attention) :– इसे चिन्ता भी कहा जाता है। मनुष्य में एक अजीब सी प्रवृति है। मनुष्य कोई काम करता है या बिना काम का यानी फुर्सत में रहता है तो वह कुछ सोचता रहता है तो उसके दिमाग का एक Side हमेशा चलता

रहता है। यदि वह कुछ करता है तो पूरा दिमाग या मन से नहीं कर पाता है। अर्थात काम को जितना अच्छा होना चाहिए उतना अच्छा वह नहीं करता है। क्योंकि उसके दिमाग का एक Side दूसरी ओर भी चलता रहता है। यदि वह बिना काम का बैठा रहता है तो कुछ सोचते रहता है। इसी को चिन्ता कहा जाता है। संतलोग इसे चिन्तामणि कहते है। मनुष्य का यह एक ऐसा तलवार है जिसमें दो धार है। जब मनुष्य अज्ञानता के अंधकार में जीता है तो इस चिन्तामणि को दुनियाँ या माया के मार्ग में पटकता रहता है और जीवन को नरक बना लेता है। जब मनुष्य सतगुरू से सतज्ञान लंकर ज्ञान की प्रकाष्ठा पा लेता है तो इस चिन्तामणि को ईश्वर के मार्ग में लगता है तो ईश्वर के प्रकाश में अपने जीवन को स्वर्ग बनाकर जीवन सफल कर लेता है। इस पर एक संत ने लिखा है–

चिन्ता तो सतनाम की और न चितवे दास। जो चितवे नाम बिनु वही काल के फाँस।। सतनाम या हरिनाम जो साँस के माला में जपा जाता है, चिन्ता को उसी में लगना चाहिए दूसरे किसी काम में नहीं। जो इस चिन्ता को दुनियाँ के कामों में लगता है वही उसके जीवन के फाँसी का फन्दा बनता है जिसमें फँसकर वह मरता है और अपना जीवन खराब करके चला जाता है।

एक संत ने लिखा है कि –

कर से कर्म करै विधि नाना।
ध्यान रहे जहाँ कृपा निधाना ।।

इसी चिन्ता से ईश्वर पर हमेशा ध्यान भी रखा जाता है संसार का काम करते हुए। क्योंकि जबतक साँस है ईश्वर को कभी

नहीं भूलना चाहिए। कुरूक्षेत्र के मैदान में ज्ञान देने के बाद कृष्ण ने अर्जुन से कहा था कि लड़ाई भी कर और ईश्वर का ध्यान भी कर। दोनों एक साथ किया जा सकता है। बिना ज्ञान का आदमी बहुत ज्यादा **Distructive move** में रहता है। इसका मतलब की जहाँ ध्यान रहना चाहिए वहाँ नहीं रहकर दूसरे जगह रहता है।

मनुष्य और धरती ईश्वर की आश्चर्यजनक कृति

पूरे ब्रह्माण्ड और उससे परे धरती जैसी कोई चीज नहीं है और न मनुष्य जैसा कोई श्रेष्ठतम योनि है। दोनों में ईश्वर की अपार कृपा का दर्शन होता है जब मानव अपने सामने मानवता को प्रगट करके पूर्ण मानव बन जाता है। दोनों के दो–दो पहलू (भाग) हैं – (1) सत्य (अविनाशी), (2) नश्वर (असत्य)। दुनिया और उसपर की सारी चीजें **Plane** (सादा) है न अच्दा है न बुरा। मनुष्य शरीर का ह्रदय वाला भाग अविनाशी (सत्य) है लेकिन ह्रदय को छोड़कर शरीर का शेष भाग नश्वर (मिट्टी) है। जब मनुष्य अपने ह्रदय से जुड़ता है तो धरती सहित सम्बन्धित सारी चीजें ईश्वरमय और प्रकाशमय लगती हैं और उसके लिए धरती सुखदायी हो जाती है। लेकिन जब मनुष्य अपने शरीर के नश्वर भाग (असत्य) से जुड़ता है तो यही दुनियाँ उसके लिए अंधकारमय हो जाती है तथा उसके लिए दुखदायी हो जाती है। इस लिए दरिया संत ने लिखा है–

दरिया जगत सब सोया मिला जागा मिला न कोय।
जागे में फिर जागना जागा कहिए सोय ।।

जब मनुष्य शरीर के नश्वर भाग से जुड़कर अन्दर के अंधकार से दुनियाँ को देखता है चाहे उसकी आँखे खुली या बन्द हों दोनों स्थिति में दुनियाँ उसके लिए अंधकारमय हो जाती है। क्योंकि अंधकार में आँख खुली हो या बन्द हो सामने अंधकार ही फैला रहता है। लगभग सबका हाल यही रहता है।

विरले बिरले आदमी जब हृदय से जुड़कर दुनियाँ को देखता है तो यही दुनियाँ उसके लिए प्रकाशमय लगती है। उसी को दुनियाँ में जागा हुआ कहा जाता है।

(1) धरती :– यह धरती आदमी के अनुसार स्वर्ग–नरक दोनों है जिसका अनुभव प्रत्यक्ष आदमी करता है। ऐसे स्वर्ग–नरक की बात ग्रंथो में आती है जिसको मरने के बाद से जोड़ा गया है। लेकिन ऐसा स्वर्ग–नरक काल्पनिक है जिसे आज तक कोई देखा नहीं है। इसके बारे में कुछ लिखा हुआ मिलता है लेकिन उसका न कोई साक्ष्य है न प्रमाण है। क्योंकि आज तक धरती पर से जो आदमी उठा कोई खबर नहीं किया कि मेरे साथ क्या हो रहा है।

धरती और इससे जुड़े जिन सम्बन्धित चीजों को ईश्वर ने बनाया है उसे ही प्रकृति कहते है या प्राकृतिक हैं। वे सारे नियम और संयम से संचालित होते है क्योंकि प्रत्येक के साथ ईश्वरीय कानून लागू है। सबको ईश्वरीय कानून का पालन करना पड़ता है जितने समय तक उनको रहना पड़ता है इस धरती पर। नदी, सागर, महासागर, झरने, पहाड़, पठार, जंगल, झाड़ी, मिट्टी, विभिन्न तरह के पेड़–पौधे, विभिन्न तरह के जीव–जन्तु, विभिन्न तरह के पत्थर, पृथ्वी से उपर वायुमंगल, विरल भाग, खुला आकाश, तारे, सूर्य, चन्द्रमा, विभिन्न तरह के ग्रह, उपग्रह और क्या–क्या सब है। पृथ्वी के नीचे विभिन्न तरह के उर्जा से भरपूर द्रव और ठोस पदार्थ, विभिन्न तरह के रत्न, तथा क्या–क्या सब रखा हुआ है। सारे जीव जन्तुओं तथा अन्य पदार्थो को यहाँ ठहरने और रहने का प्रबंध ईश्वर ने अलग–अलग ढंग से किया है एवं अलग–अलग उनमें गुण, धर्म व स्वभाव डाला है। मनुष्य को छोड़कर सभी अपने–अपने गुण, धर्म तथा स्वभाव को याद रखते

हुए अपना–अपना समय धरती पर बीताते रहे हैं। यदि इन सारी चीजों को अपने हृदय में जाकर ईश्वरीय प्रकाश में अन्दर से देखा जाय तो क्या यह धरती किसी स्वर्ग से कम है? यदि मनुष्य अपने दिमाग पर नकाब (पर्दा) लगाकर अंधकार से इस दुनियाँ को देखता है तो एक ही समय में लोग भिन्न–भिन्न दशा में पाये जाते हैं। एक संत ने लिखा है–

कोई गावे, कोई बजावे कोई बैठे बैठे आँसू बहावे।

यदि इसी धरती पर कोई लड़ाई, झगड़ा, मारपीट, युद्ध, केश, मुकदमा, कोर्ट, कटहरी, जेल, शोषण, हत्या, तंग, तबाह, आत्महत्या, नफरत, घृणा करता या फैलाता है तो करने वाले और उसका शिकार होने वाले दोनों तरह के लोगों के लिए यही धरती किसी नरक से भी कम नहीं है।

(2) **मनुष्य** :– मनुष्य ईश्वर का सबसे प्रिय प्राणी है। ईश्वर मनुष्य की रचना में अपना सबकुछ दान कर दिये है। सबकुछ देने के बाद यहाँ तक की अपने को भी दान कर दिये हैं। ऐसा किसी जीव के साथ नहीं किये है। यहाँ तक की देवताओं के साथ भी ऐसा नहीं किये हैं। इसलिए ग्रंथों में कहा गया है कि बड़े भाग्य से तथा ईश्वर की असीम कृपा से मनुष्य का तन मिलता है। मनुष्य तन के लिए देवता भी तरसते हैं।

रामचरित मानष में तुलसी दास ने लिखा है–

बड़े भाग्य मानुष तन पावा,
सूर नर मुनि सब ग्रंथनि गावा।
परमधाम– मोक्ष करि द्वारा।
पाई न सकहिं परलोक सिधारा।।

मनुष्य के लिए सबसे बड़ा धाम (ईश्वर पाने की जगह) उसके शरीर का हृदय भाग ही है। जहाँ स्वयं अलख पुरूष अविनाशी (ईश्वर) निवास करते है। वही ईश्वर का मंदिर और मनुष्य का अपना घर भी है। ईश्वर से सम्बन्धित सारी चीजें वहाँ रखी हुई हैं। तथा वहीं मनुष्य के लिए सारी अच्छी चीजें भी रखी गयी हैं। मनुष्य को धरती पर आने के बाद पहले अपने घर का पता करना है यह ईश्वर का कानून है। जो जीवन में अपने घर का पता नहीं करता है वह हमेशा–हमेशा के लिए लापता रहता है। क्योंकि उसके घर में ही उसके जीवन का सारा सौदा रखा हुआ है। लेकिन बिना सतगुरू और उनके सतज्ञान के मनुष्य अपने घर को खोल नही सकता है। क्योंकि उसमें ताला बन्द रहता है तथा उसकी चाभी उस समय के सतगुरू के पास रहती है। सतज्ञान देने के बाद सतगुरू उसके घर के ताला की चाभी भी दे देते हैं, ताला खुल जाता है। सतगुरू अपने दीया से उसके घर में रखे ईश्वर के दीये को जाला देते हैं। जो गुरू ज्ञान की क्रिया देते है उसे सुमिरन या भजन कहते हैं। इसी सुमिरन से रोज मनुष्य अपने घर (ईश्वर के मंदिर) में जाकर ईश्वर की पूजापाठ करता है। इसके द्वारा अपने घर में जाकर ईश्वर की दी हुई सारी चीजों को पाता है और अपने साँस में स्वयं ईश्वर को भी पा लेता है। इसके बाद उसको मानवता समझ में आ जाती है। वह अपने को पाकर धन्य–धन्य होकर दुनियाँ का सबसे अमीर बन जाता है और ईश्वर का दिया हुआ अपना सब कुछ पा लेता है। अपना घर के बारे में ब्रह्मानन्द जी लिखें हैं–

सात खण्ड का बना मकाना ।
सूक्ष्म मारग दुश्कर है जाना ।
गुरू कृपा से चढ़े सुजाना ।

पीये अमृत प्याला है।
घट भीतर पंथ निराला है।।

इसके बाद पश्चिम (पीछे) का दरवाजा खुलता है। उसी दरवाजा से अन्दर का जीव (हंस) स्वतंत्र होकर ईश्वरीय क्षेत्र में उड़ता है, फिर ब्रह्मानन्द जी लिखते हैं–

सूरत हँसनी उड़ी अकाशा ।
देखे अजरज सकल तमाशा ।
चहुँ दिश भये तेज प्रकाशा ।
खुल गया निर्गुन ताला है ।
घट भीतर पंथ निराला है ।।

जीव ईश्वर में विलीम होकर ईश्वर की सारी कृति को एक साथ पाकर स्वयं धन्य–धन्य होकर सतगुरू और ईश्वर दोनों को ध
न्यवाद देने लगता है। इसी पर कबीर दास ने लिखा–

हँसा हँस मिले सुख होई,
जो हँसा तोरे प्यास क्षीर की,
कूप नीर नहीं होई,
यह तो नीर सकल ममता (माया) की
हँस तजे जस चोई (बेकार चीज)
चार बरण और वेद पुराने
हँस निराला होई ।।

मनुष्य वो चीज है। यह मुक्त होने के लिए ही धरती पर आता है। अपना घर पा लेने के बाद बहुत से संत महात्मा धरती पर अपना घर बनाने की आवश्यकता नहीं समझते हैं क्योंकि उनका घर अनन्त, विशाल सुन्दरतम और अपशिमित रहता है जहाँ सारी आवश्यक चीजें उनके लिए रखी गयी रहती है। उसमें जाने के बाद परम सुख, परम आनन्द और परम शांति में डूबे रहते हैं। कुछ

ऐसे संत महात्मा होते हैं जो परिवार में माया के साथ रहते हैं। वे माया में फँसते नहीं है बल्कि माया के साथ संतुलन बनाकर अपना घर पाने के बाद भी धरती पर रहने लायक घर बनाते हैं। वे घर जमीन, जायदाद, रूपया, पैसा के पीछे नहीं पड़ते हैं। सही कर्म से जो पैसा आता है उसी से जी लेते हैं। वे ही धरती और उससे सम्बन्धित चीजों का सही उपयोग करते है। उनके लिए सबकुछ भीतर बाहर सुखदसयी हो जाता है।

इसके विपरीत जिनको अपने घर का पता नहीं रहता है। वे शरीर के बाहर माया के अधीन अज्ञानता के अंधकार में तथा दुनियाँ में डूबकर धरती पर के चीजों को और ध ारती को पाने के लिए बिना मतलब का दिन–रात बेचैन रहते हैं। जबकि शरीर से बाहर ईश्वर उसको कुछ दिये नहीं हैं। इसलिए उसको पाने में कठिनाई, रखने में कठिनाई, खोने में भी कठिनाई होती है। इसी में जीवन भर बुरी तरह फँसा रहता है। हमेशा दुख, दुख, दुख जाने के समय एक पैसा तथा एक तिनका भी नहीं मिलता है। वह हाथ पसारकर खाली हाथ यहाँ से चला जाता है। मरने के बाद दुखे दुख।

ईश्वर की ओर से धरती और मनुष्य एक दूसरे से बँधा हुआ है। एक के बिना दूसरे का कोई महत्व नहीं है। यदि ध ारती पर सबकुछ रहे और मनुष्य नहीं रहे तो धरती का क्या महत्व रह जायेगा ? बताइये! वैज्ञानिक धरती से अलग मनुष्य का संगठन करना चाहते हैं। ऐसा कभी संभव नहीं हो सकता क्योंकि मनुष्य धरती से अलग ब्रह्माण्ड के किसी भाग में अपना जीवन बीता नहीं सकता है। यह कल्पना हो सकती है लेकिन साकार नहीं हो सकता।

―――――

मनुष्य का जवीन एक महाभारत

जब धरती पर असत्य बहुत बढ़ जाता है और सत्य तबाह होने लगता है तो धरती पर कोई न कोई महत्वपूर्ण घटना हो जाती है जिसमें धरती पर से बहुत सारे बुरे लोग उठा लिय जाते हैं। ऐसे ही एक घटना महाभारत की हुई थी। महाभारत का प्रारूप युद्धसे पहले ही तैयार हो गया था। वेदब्यास ज्ञानी और भविष्य द्रष्टा थे। वे युद्धसे पहले ही महाभारत की घटना को बोलकर लिखवा रहे थे। इसी क्रम में वे एक गाँव में गये। उसी गाँव में द्रोपती का घर था। द्रोपती को पता चला कि इस गाँव में एक ऋषि आये हैं जो लोगों का भविष्य बताते हैं। द्रोपती अभी कँवारी थी। उसे भी अपना भविष्य जानने की उत्सुकता हुई। वह ऋषि के पास गयी। ऋषि पूछे क्या बात है ? द्रोपती बोली कि मैं अपना भविष्य जानना चाहती हूँ। ऋषि बताये कि तुम्हारे चलते घमासान युद्धहोगा। उसमें लाखों लोग मरेंगे। लाखो औरते विधवा होंगी। खून की नदी वहेगी। द्रोपती ने कहा कि मैं ऐसा नहीं चाहती हूँ। इसका कोई एलाज हो तो बताइये। ऋषि ने कहा एलाज तो है लेकिन तुम ऐसा नहीं कर पायेगी। इस युद्धको तो होना है। क्योंकि बहुत से राजा बुरे हैं जो असत्य को धारण किये हुए हैं उनको मरना है। फिर भी मनुष्य के नाते ऋषि तीन उपाय बतायें–

(1) किसी का तुम अपमान मत करना अर्थात किसी को ठेस मत पहुँचाना।

(2) यदि तुमको कोई अपमानित करे तो बुरा मत मानना।

(3) यदि बुरा मान भी लेना तो बदला लेने के लिए मत सोचना।

द्रोपती से इसका पालन नहीं हो सका। तीनों क्रम–क्रम से घटित हुआ तथा महाभारत का युद्ध भी हुआ। महाभारत तो एक कथा के रूप में है लेकिन यदि मनुष्य उपर्युक्त तीनो शत्तो का पालन आज भी करे तो बहुत से बाद–विवाद, झगड़ा, लड़ाई, युद्ध, विश्वयुद्ध से बच सकता है तथा जीवन में बहुत सारी समस्याओं से शकुन मिल सकता है। ऋषि की ये बातें दुनियाँ में हमेशा–हमेशा के लिए सत्य हैं।

दुनियाँ में प्रत्येक मनुष्य को अपने जीवन में महाभारत की लड़ाई लड़नी पड़ती है चाहे वह धरती पर जहाँ कहीं भी रहे। यह लड़ाई अज्ञानता के अंधकार में तब शुरू होती है जब शरीर में शक्ति आ जाती है। वह दुनियाँ में नाता जोड़ने लगता है और अपने को फैलाने लगता है। जितनी अधिक दुनियादारी उतने ही अधिक जिम्मेवारी। यह लड़ाई मनुष्य और समस्याओं के बीच शुरू होती है। सवाल यह है कि उस लड़ाई में जीत किसकी होनी चाहिए और किस पर होनी चाहिए। इस महाभारत की लड़ाई में जीत मनुष्य की होनी चाहिए और सबसे पहले जीत अपने पर होनी चाहिए। जो पहले अपने को जीत लेता है उसके लिए यह लड़ाई यानि जीवन का महाभारत आसान हो जाता है। यदि ऐसा नहीं हुआ तो जीवन के महाभारत की लड़ाई अज्ञानता के अंधकार लड़नी पड़ती है जिसमें आदमी का पूरा जीवन तबाह–तबाह होकर रह जाता है और अन्त में अपने जीवन को पूरी तरह हाकर यहाँ से चला जाता है।

मनुष्य को जीवन में पत्नी से अलग महाभारत होता है, माता–पिता से अलग महाभारत, बेटा–बेटी से अलग महाभारत, भाई–बहन से अलग महाभारत, पास–पड़ोस से अलग महाभारत, गाँव–समाज से अलग महाभारत, कुटुम्ब परिवार से

अलग महाभारत, मित्र–दुश्मन से अलग महाभारत, अपने शरीर से अलग महाभारत, अपनी जीविका से अलग महाभारत। जहाँ जाइये महाभारत! महाभारत! महाभारत! कुरूक्षेत्र में महाभारत का युद्ध 18 दिनों तक ही चला था लेकिन जीवन का महाभारत जीवनपर्यन्त चलता है। यह महाभारत का महाभारत है। इस लड़ाई को मनुष्य जब अज्ञानता के अंधकार में लड़ता है तथा समस्याएँ चारो तरफ से घेर लेती है तो इस लड़ाई में एक तरफ स्वयं मनुष्य रहता है और दूसरे तरफ उनकी समस्यायें रहती हैं। वह एक जगह खड़ा होकर दिन–रात समस्याओं से लड़ता है। कभी समस्याओं को जीतता है और कभी उनको हारता है परन्तु एक कदम भी अपने जीवन में आगे नहीं बढ़ता है, केवल बचता है और लड़ता है। जिन समस्याओं को हारता है उसको तो हारिये जाता है। लेकिन जिन समस्याओं को जीतता है उनको भी जीवन के अन्त में हारिये जाता है। क्योंकि अज्ञानता के अंधकार में आज तक कोई भी किसी समस्या को जीतकर यहाँ से नहीं गया है। आज तक दुनियाँ में यही होता आया है और होता रहेगा।

जब मनुष्य सतगुरू तथा सतज्ञान की सहायता से अपने जवीन के महाभारत की लड़ाई को लडड़ता है ता`पहले अपने को जीत लेता है अर्थात पहले अपने को पहचान लेता है, आत्मज्ञान हो जाता है, आत्म बल का पता चल जाता है तो वह अपने जीवन के महाभारत को बेवरतीब ढ़ंग से नहीं लड़ता है। वह Planing से युद्ध को लड़ता है वह अपने जीवन में आगे भी बढ़ता रहता है और समस्याओं से लड़ता भी है। वह एक भी समस्या से हारता नहीं है। वह ज्ञानबल से अपने जीवन को भी सफल कर लेता है और सारी समस्याओं को जीत भी लेता है।

अज्ञानता के अंधकार में लड़ने वाले के साथ होता यह है कि मन और माया के साथ बहुत सेनाएँ होती हैं जो जीवन

के समस्याओं के साथ होती हैं। दूसरे तरफ मनुष्य अकेला रहता है। वह एक भी समस्या को कैसे जीतेगा, चूकि वह इस लड़ाई को एक जगह खड़ा होकर पूरे जीवन भर लड़ता है इसलिए वह अपना जीवन भी हार जाता है। वह अपने जीवन तथा जीवन में उत्पन्न समस्याओं को पूरी तरह हारकर यहाँ से दुख के साथ चला जाता है।

जो मनुष्य ज्ञान के साथ जीवन के महाभारत को लड़ता है तो ज्ञान के साथ अपार सेनाएँ होती है जा मन और माया की सेनाओं से बहुत अधिक होती हैं। स्वयं ज्ञान का ढ़ाल चमकता है, उसका कवच चमकता है तथा उसकी तलवार चमकती है। इसलिए ज्ञान को देखते ही अज्ञानता धीरे–धीरे पीछे हटने लगती है। पीछे हटते–हटते रन छोड़कर भाग जाती है। बिना लड़े ज्ञानी आदमी के जीवन के महाभारत में सारी समस्याओं पर जीत होती है। इस लड़ाई में ज्ञानी आदमी की विजय नहीं जय होती है। विजय में तो एक जीतता है तो दूसरा हारता है तथा काफी खून–खराबा होता है। लेकिन ज्ञान और अज्ञानता के बीच के युद्ध में लड़ाई शुरू होती ही नहीं है न एक बून्द खून बहता है। इसलिए ज्ञानी आदमी के जीवन के महाभारत में ज्ञानी आदमी का जय होता है। जीवन में चौतरफा सफलता मिलती है। आदमी हँसते हुए धरती से जाता है। धरती पर ऐसे आदमी को लोग हमेशा याद भी करते हैं दूसरे का नहीं। सवाल यह है कि बिना सतगुरू का दुनियाँ में ज्ञान प्रकाशित नहीं होता है और न मनुष्य के शरीर और जीवन की शोभा होती है। सतज्ञान के साथ जीवन की शोभा होती है। सतज्ञान के साथ जीवन सुन्दर, आसान, सामान्य, चमकीला और आश्चर्य होता है। यही मनुष्य जीवन की खूबी और सफलता है दूसरा कुछ नहीं।

मानव जीवन का उद्देश्य

दुनियाँ में पूरी धरती को बाँटकर सब देश बने हैं मनुष्य के लिए, देश में शहर, गाँव बने हैं सब मनुष्य के लिए, आवागमन के लिए सब सड़के, रेल, Plane बने हैं सब मनुष्य के लिए, ऐसे ऐसे मंदिर, मस्जिद, गुरूदवारा है कि पूछिये मत। बहुत सारे धर्म ग्रंथ वेद, पुरान बने है। मनुष्य के लिए इतने सब धर्मस्थल धर्म सब बने हैं सब मनुष्य के लिए इतने सब पूजा–पाठ, जग–जाप, पर्व–त्योहार बने हैं सब मनुष्य के लिए, और क्या–क्या चीज सब नहीं बना है मनुष्य के लिए। लेकिन मनुष्य जाति की चर्चा कहीं नहीं है। ईश्वर की चर्चा है, देवी–देवताओं की चर्चा है। ईश्वर की जो भी चर्चाएँ हैं, सब लगभग अज्ञानता के अंधकार में हैं क्योंकि ये सब करने से आज तक ईश्वर किसी को मिले नहीं हैं। ईश्वर के मार्ग में जो भी लोग करता है सब के सब मानने के आधार पर है जो पूरा अंधविश्वास है इनमें ईश्वर को जानना (प्रकाश) नहीं है। यदि मनुष्य के बारे में निम्न तीन बातों की चर्चाएँ रहती तो ईश्वर की सही चर्चा अपने आप हो जाती। जो मनुष्ये के लिए जानने पर आधारित होता तथा ईश्वर की चर्चा मनुष्य के सामने प्रकाश में होती जिससे मनुष्य का जीवन दिन–ब–दिन सुधरता। अंधविश्वास में ईश्वर की दिशा में कुछ करने पर मनुष्य का जीवन दिन–ब–दिन बिगड़ता जा रहा है। सब एक दूसरे से खुश होने के बदले तबाह एवं परेशान हो रहे हैं। मनुष्य जाति के बारे में तीन बातों की चर्चा निम्नलिखित है–

(1) मनुष्य है कौन ?

(2) मनुष्य होता क्या है ?

(3) मनुष्य धरती पर क्यों आता है ?

उत्तर :–(1) मनुष्य ईश्वर का सबसे प्रिय प्राणी है।

(2) मनुष्य में ईश्वर को पाकर ईश्वर बन जाने की क्षमता होती है।

(3) मनुष्य धरती पर भवसागर पार करने के लिए आता है।

भवसागर होता क्या है ?

धरती से ऊपर लाखों लाख मील तक अंधकार का क्षेत्र है जिसमें अज्ञानता की ऊँची लहरें चलती है और भ्रम का तूफान भी चलता रहता है। मनुष्य का दिमाग इसी अंधकार के क्षेत्र तक पहुँच सकता है और यही तक की बातों को दिमाग पकड़ता भी है। उसके ऊपर प्रकाशमय ईश्वरीय क्षेत्र है जो अनन्त, अपरिमित तथा विशाल है जहाँ मनुष्य का हृदय पहुँचता है दिमाग नहीं। इसलिए ईश्वरीय क्षेत्र को मनुष्य का हृदय पकड़ता है। ईश्वरीय बातों को हृदय ही पकड़ता है दिमाग और मन को उससे कोई मतलब नहीं है। अंधकार के क्षेत्र तथा उनकी बातों को मन और दिमाग पकड़ता है। इससे हृदय को कोई मतलब नहीं है। यही अंधकार का क्षेत्र भवसागर कहलाता है। इसी भवसागर को पार करने के लिए मनुष्य धरती पर आता है। यही मनुष्य के जीवन का उद्देश्य है। लेकिन सभी मनुष्य का एक भवसागर नहीं होता है। प्रत्येक मनुष्य का अलग–अलग भवसागर होता है।

बीच में एक बहुत बड़ी नदी है जिसकी गहराई अथाह तथा विस्तार असीमित है। नदी के एक किनारे पर छोटा सा मरूभूमि है जहाँ कुछ लोग रहते है। एक किनारे से दूसरा किनारा दिखाई नहीं पड़ता है। इस पार में रहने वाले लोगों के बीच उस पार की खूब चर्चा होती है लेकिन उस पार के बारे में कोई कुछ जानता नहीं है। नदी के एक किनारे पर सतगुरू एक

घड़ा में साफ और सुन्दर जल लेकर बैठे रहते हैं। प्रत्येक मनुष्य के हृदय में ईश्वर की प्यास लगी रहती है। सब कोई उस नदी के पास प्यास बुझाने के लिए जाते हैं। सतगुरू नदी के जल से प्यास बुझाने से सबको मना करते हैं। वे कहते है कि हम प्यास बुझने के लिए तुमको अपने घड़ा से जल देते हैं। इससे तुम्हारी प्यास भी बुझ जायेगी और नदी में डुबने से बच भी जाओगे। यदि नदी के जल से प्यास बुझाने की कोशिश करोगे तो तुम्हारी प्यास भी नहीं बुझेगी तथा नदी में डुब भी जाओगे। सतगुरू की बात नहीं मानकर सबकोई नदी के जल से ही अपना प्यास बुझाने के लिए नदी के पास चले जाते हैं और डूब जाते हैं। क्योंकि छोटी–छोटी नावें किनारे–किनारे चलती हैं लेकिन नदी के भीतर नहीं जा सकती। नदी के भीतर जाते ही नाव डूब जाते हैं क्योंकि नदी की धारा की ऊँची लहरें और तुफान उसे डूबा देता है। बिरले बिरले कोई बहुत साहस एवं विश्वास के साथ अपना प्यास बुझाने के लिए सतगुरू के पास पहुँचते हैं और सतगुरू के घड़ा के जल को पीते हैं। जो सतगुरू के घड़ा के जल को पीते हैं उनके लिए सतगुरू नदी पार करने के लिए बहुत बड़ा नाव लेकर किनारे पर आते हैं। जो सतगुरू के घड़ा के जल को पीये रहते हैं उनको अपने नाव में बैठने के लिए कहते है क्योंकि सतगुरू का नाव ही नदी में इस पार से उस पार जाता है। उसमें बैठने वाला सतगुरू से पूछता है कि नाव में कहाँ बैठे और क्या पकड़े। सतगुरू बताते हैं कि नाव में सुमिरन के साथ बैठें तथा सतसंग को पकड़े रहें। सतगुरू नाव को लेकर नदी के उस पार उतारने के लिए आगे बढ़ते है। धारा की ऊँची–ऊँची लहरे उठती है तथा नदी की धारा के ऊपर तुफान भी चलता हुआ दिखाई पड़ता है। सतगुरू अपने दृढ़ हाथ में पतवार लेकर नाव को खेते हैं। धारा की ऊँची लहरे

तथा धार के ऊपर तुफान नाव के पीछे दिखाई पड़ते हैं, आगे भी दिखाई पड़ते हैं लेकिन नाव के पास नहीं पहुँच पाते हैं। सतगुरू का नाव शांत जल में चलता रहता है। सुमिरन को पकड़े रहने पर नाव प्रत्येक सतसंग में एक कदम शांत जल में आगे बढ़ता है, इसी भाँति नाव आगे बढ़ते–बढ़ते एक न एक दिन भवसागर के उस पार पहुँच जाता है। ज्योंही सतगुरू नाव को उस पार करते है कि मनुष्य ईश्वरीय क्षेत्र में पहुँचकर ईश्वर को पा लेता है। सतगुरू मनुष्य को पहुँचाकर वहाँ से फिर लौट आते हैं। जीवन ध ान्य–धन्य होकर सफल हो जाता है। मनुष्य इसी काम के लिए ध ारती पर आता है। इसी पर मीरा जी लिखी हैं–

पायो जी मैंने राम रतन धन पायो।
सत का नाव खेवइया सतगुरू।।
भवसागर तरि आयो।
पायो जी मैंने राम रतन धन पायो।।
मीरा के प्रभु गिरिधर नागर।
मोह का भ्रम गँवायों।
पायो जी मैंने राम रतन धन पायो।।

नीचे लिखे बहुत कम शब्दों में मनुष्य के जीवन का उद्देश्य स्पष्ट है जो ईश्वरीय शब्द हैं–

नर तन भव बारिदु कहूँ बेरो।
सनमुख मारूति सनुग्रह मेरो।
करूण धार सतगुरू दृढ़ नावा।
कठिन काम सरल करि पावा।।

मनुष्य का शरीर नाव के समान इस भवसागर में स्थित है। साँस का आना–जाना ही मेरी कृपा है। दूसरी कोई कृपा मेरी नहीं है। बाकी सब दुनियाँ और माया की कृपा है। जब सतगुरू अपने दृढ़ हाथ में पतवार लेकर उससे इस नाव को भवसागर में खेते हैं और उनकी कृपा धारा के रूप में लगातार मिलती है तो एक दिन नाव भवसागर में इस पार से उस पार चला जाता है। ईश्वर मिल जाते है। मनुष्य ईश्वर को पाकर धरती पर सबकुछ पा लेता है। उसके जीवन का उद्देश्य पूरा हो जाता है। जीवन सफल हो जाता है। मनुष्य स्वयं, ईश्वर को पाकर ईश्वर बन जाता है। इसी पर कबीर दास ने लिखा है–

> सुमिरन से सुख होत है कि सुमिरन से दुख जात।
> कहे कबीर सुमिरन किये साई माहीं समाय।।

सतगुरू के सतज्ञान और उसकी क्रिया से सुख आता है तथा दुःख भागता है और इस प्रकार से जीवन ईश्वर में विलीन हो जाता है। फिर एक जवाह लिखते हैं कि –

> जो जीवन जाने आपना करे जीव का काम।
> जीवा ऐसा पहवना मिले न दूजी बार।।

जो अपने जीवन को जानता और पहचानता है वह अपने जीव का काम अवश्य करता है क्योंकि फिर मनुष्य तन दुबारा मिलने वाला नहीं है। एक संत ने लिखा है–

> लाली देखन मैं गयी मैं भी हो गयी लाल।

जो दुनियाँ में सच्चाई को खोजता है और देख लेता है पा लेता है। वह सच्चा बन जाता है अर्थात जो ईश्वर को दुनियाँ में खोजता है और पा लेता है वह भी ईश्वर बन जाता है। मनुष्य जीवन का मुख्य उद्देश्य यही है। दूसरा कुछ नहीं है।

मनुष्य जीवन की सफलता

शरीर के साथ मन, माया, दिमाग और हृदय का संतुलन ही मानव जीवन की सफलता है। ईश्वर ने दुनियाँ की रचना बहुत ही आश्चर्यजनक ढंग से किया है इसलिए ईश्वर का पूरा रहस्य आज तक कोई भी नहीं समझ सका है। माया को ईश्वर ने ही बनाया है तथा दुनियाँ का राज्य माया को दिया है इसलिए माया दुनियाँ में बहुत ही प्रबल है। सारी सृष्टि की रचना ईश्वर ने ही किया है लेकिन सारी सृष्टि के साथ प्राकृतिक नियम भी बनायें हैं। सबको अपनी–अपनी प्रकृति को याद रखते हुए अपने–अपने समय के साथ आगे बढ़ना है। सारी सृष्टि में दिब्यशक्ति के रूप में व्याप्त भी हैं। यदि सारी सृष्टि से ईश्वर को हटा दिया जाय तो कहीं कुछ नहीं बचेगा। इसलिए दुनियाँ और शरीर के सार को खोजा जाय तो ईश्वर ही मिलते हैं, दूसरा कहीं कुछ नहीं मिलता है इसलिए मनुष्य को जीवन में कभी ईश्वर को भूलना ही नहीं चाहिए।

ईश्वर सारी अच्छी चीजों को अपने साथ लेकिन सारी बुरी चीजों को माया के साथ रखे हैं। मनुष्य, ईश्वर अथवा माया दोनों में से अन्दर से किसी एक के साथ ही रह सकता है दोनों के साथ नहीं रह सकता है। जो ईश्वर के साथ रहता है उसके साथ माया अन्दर से नहीं रह सकती लेकिन जो माया के साथ रहता है ईश्वर उससे बहुत दूर चले जाते हैं। जैसे–मनुष्य को दो टाँग है तो दोनों टाँगें एक ही साथ रहनी चाहिए तो आदमी सीधा रहता है तथा शरीर का संतुलन ठीक रहता है। यदि दोनों टाँगें बहुत दूरी बना लेगी तो बी चला Person नीचे धस जायेगा और आदमी गिर जायेगा। इसी पर एक संत ने लिखा है–

जहाँ काम तहँ राम नहीं,
जहाँ राम नहीं काम।
दोनों कबहूँ ना मिलहीं रवि रजनी एक धाम।

जहाँ कामना (माया) रहती है वहाँ राम नहीं रहते हैं। जहाँ राम रहते हैं वहाँ माया नहीं रहती है। जैसे अंधेरा और प्रकाश साथ–साथ नहीं रह सकते। प्रकाश के आते ही अंधेरा भाग जाता है। अंधेरा क्या है? प्रकाश का अभाव है। अंधेरा अपने आप में कुछ नहीं है, प्रकाश के आते ही अंधेरा भाग जाता है।

अच्छी चीजों के साथ रहने पर ईश्वर का आशीर्वाद मिलता है लेकिन बुरी चीजों के साथ रहने पर ईश्वर का दण्ड मिलता है। ऐसा सबके लिए समान रूप से है।

मनुष्य के शरीर के दो भाग हैं– (1) नश्वर भाग (2) अविनाशी भाग

(1) नश्वर भाग :– हृदय को छोड़कर शरीर का शेष भाग नश्वर भाग है जो मिट्टी का बना होता है तथा फिर एक निश्चित समय के बाद मिट्टी बन जाता है। यहाँ तक कि माँस, चर्म, हड्डी, खून, पानी, नस आदि सब मिट्टी से ही बने हैं। इसमें कोई स्थायित्व नहीं है। यह कब है और कब नहीं है इसका कोई ठीकाना नहीं है। यह सूक्ष्य रूप में साँस से ही संचालित होता है। इसलिए साँस के हटते ही सब मिट्टी हो जाता है। यह शरीर का झूठा भाग है। इसमें रोग लगता है, यह हर साँस के साथ क्षीण होता रहता है, यह बुढ़ा होता है तथा एक दिन पूरा का पूरा मिट्टी भी बन जाता है। इसी नश्वर भाग के साथ दिमाग, मन, माया और दुनियाँ रहती है। ये चारो भी झूठे ही होते हैं। कबीर दास ने कहा है–

झूठे झूठ लसाय।
अर्थात झूठ झूठ के ही साथ रहता है तथा इसको पहचान भी लेता है। झूठ और साँच में कभी भी मेल नहीं हो सकता।

ये सभी अंधकार के क्षेत्र में अपना–अपना काम अनियंत्रित (बिना लगाम का) होकर करते हैं। जो मनुष्य नश्वर भाग के साथ जीते हैं वे दुनियाँ के अंधकार में डूबकर अपने जीवन को आगे बढ़ाते हैं। वे पूरी तरह माया के साथ रहते हैं। इसलिए सोलह बुरी चीजे उन्हें भूत जैसा पकड़ लेती हैं क्योंकि निम्न सोलहो बुरी चीजें शरीर के अन्दर माया के साथ रहती हैं और क्रियाशील हो जाती हैं– (1) कामना (इच्छा/मनोकामना/चाहत/काम) यह सबसे मूल है। (2) क्रोध (3) मद (अभिमान) लोभ (लालच) (4) मोह (5) दुःख (6) भय (7) शंका (8) बैर (9) क्रुरता (निर्दयता) (10) छल कपट (11) स्वार्थ (12) अशांति (13) शोषण एवं तंगतबाह (14) चिन्ता (15) बेइमानी (16) खूसखोरी एवं जमाखोरी, इनके बीज नहीं होते हैं इसजिए इनका कोई आधार भी नहीं होता है। ये सोलह पूरा रूप में माया के साथ अपने आप क्रियाशील हो जाते हैं जैसे किसी खेत में यदि फसल के बीज नहीं बोये जाय तो उस खेत में अपने आप जंगल उपज जाता है। जंगल के बीज को खेत में बोना नहीं पड़ता है। ठीक यही हाल मनुष्य का होता है। अज्ञानता के अंधकार के साथ मनुष्य के दिमाग में अपने आप जंगल उपज जाता है। मन पर काम, क्रोध, मद, लोभ और मोह की परत काई के रूप में पकड़ लेती है। ये सोलह बुरे चीज शशीर के अन्दर से बाहर निकलते हैं और दुनियाँ में समाते हैं। मन दुनियाँ की चीजों एवं बातों को अंधकार में ही पड़कता है। दिमाग उसको रखने लगता है तथा मन उसको करने के लिए शरीर को बेचैन करता है। शरीर दुनियाँ में नाचने और

तबाह होने लगता है। ये सब क्रिया अज्ञानता के अंधकार में माया के अधीन होती रहती है। यदि आदमी अपना रास्ता नहीं बदलता है तो जीवन भर यही करते करते मर जाता है। लेकिन लोक–परलोक दोनों में दुख ही दुख होता है।

(2) अविनाशी भाग :– मनुष्य का हृदय भाग अविनाशी का है। इसी हृदय में ईश्वर अपना मंदिर बनाकर अपने सारे सामानों के साथ बसते हैं। ईश्वर (अविनाशी) साँस में स्थित हैं। लेकिन बैठे नहीं हैं। वे साँस को लेकर ऊपर जाते हैं आवाज देते हुए और आवाज देते हुए फिर नीचे आते हैं। इसी पर सहजो बाई संत लिखी हैं–

सहजो नौबत श्वास की बाजत है दिन रैन ।
मूरख जग सोया रहा चित्त को नहीं चैन।।

ईश्वर आवाज देते हुए साँस में ऊपर जाते हैं और फिर नीचे आते हैं दिन और रात ऐसा होता रहता है। लेकिन संसार के मूर्ख लोग ज्ञानेन्द्रियों को शरीर के बाहर दुनियाँ के अंधकार में फैलाकर दिन–रात शरीर को दुःख में बेचैन रखते हैं और तनिक भी साँस पर ध्यान नहीं देते है।

एक संत ने लिखा है–

अस प्रभु हृदय अक्षत अविकारी।
सकल जीव जग दीन दुखारी ।।

स्वयं ईश्वर जीव के हृदय में विराजमान हैं जिनमें न कोई विकार है न उनका नाश होने वाला है। उन्हीं को पाये बिना सारे लोग दरिद्र बनकर तथा अपने माथे पर दुख का बोझ लादकर जिन्दा है।

मनुष्य के हृदय में ही ईश्वर के साथ उनका साज–बाज भी रहता है जिससे हमेशा धुन बजता रहता है। जब तक साँस चलता है यह क्रिया 24 घंटे में 24 घंटे होती है। ईश्वर

के साथ 16 (सोलह) अच्छी चीजें मनुष्य के हृदय में रहती है– (1) दया, (2) क्षमा, (3) उदारता, (4) सहजता, (5) सच्चाई, (6) समानता, (7) विश्वास (अनुभव), (8) प्रेम, (9) आनन्द, (10) प्रकाश, (11) ईमानदारी, (12) परोपकार, (13) सहायता, (14) सरलता, (15) शांति, (16) सुख। ये सब हैं।

हृदय मनुष्य के पूरे शरीर का Controling house है तथा साँस Controling मशीन है। जब मनुष्य अपने हृदय से जुड़ जाता है अर्थात हृदय में ईश्वर को प्रगट करके उनसे साक्षातकार कर लेता है तो इसी हृदय से दिमाग, मन और माया Control होकर नियंत्रण में आ जाती है ईश्वर के मिलते ही उनकी बनाई हुई सारी चीजें एक साथ मिल जाती है। मनुष्य के अन्दर–बाहर सब ईश्वर के प्रकाश से प्रकाशमय हो जाता है। दिमाग से अंधकार (जंगल) सदा के लिए भाग जाता है। दिमाग पर से पर्दा हमेशा के लिए हट जाता है। ज्ञानचक्षु खुल जाता है। दिमाग नियंत्रित होकर सही–सही ईश्वर के प्रकाश में काम करने लगता है। मन पर का मैल सदा के लिए हट जाता है। मन तथा ज्ञानेन्द्रियाँ जो पहले एक साथ मिलकर दिमाग के सामने दुनियाँ में अज्ञानता का अंधकार फैलाते थे। वे सब हृदय में चले आते हैं और हृदय के साथ हो जाते हैं। उनके हृदय के साथ होते ही ईश्वर की भक्ति की आग लग जाती है। इसी स्थिति पर कबीर दास ने कहा है–

आग जो लगी समुद्र में धुँआ न प्रकट होय।
सो जाने जो जर मुआ जिसकी लाई होय ।।

मन के हृदय में पहुँचते ही भक्ति की आग हृदय में लग जाती है। ऐसी आग जिसमें धुआँ नहीं निकलता है अर्थात इस भक्ति की आग को दो ही जानते हैं। एक ईश्वर जो आग लगाते है तथा दूसरा वह मनुष्य जिसके

हृदय में भक्ति की आग लगती है फिर तीसरा कोई भी इस स्थिति को समझ नहीं सकता है।

इस स्थिति के बाद 16 (सोलह) बुरे चीज उस मनुष्य के शरीर के अन्दर से सदा के लिए भाग जाते हैं तथा उनके स्थान पर सोलहो अच्छी चीजे प्रतिस्थापित होकर पूर्ण रूप से सक्रिय हो जाते हैं। माया भी नियंत्रित होकर शांत हो जाती है तथा सही—सही काम करने लगती है। ईश्वर के प्रकाश में पूरा शरीर, धरती तथा ब्रह्माण्ड की सारी चीजें अन्दर और बाहर दोनों तरफ से स्पष्ट रूप में दिखने लगती है। दिमाग, मन, माया और हृदय सब के सब ईश्वर के प्रकाश में संतुलित होकर सही दिशा में काम करने लगते हैं। जीवन सभी ओर से धन्य—धन्य हो जाता है।

कुछ लोग कहते हैं कि मैंने माया और दुनियाँ को छोड़ दिया है। यह बात कहाँ से आ गयी? ऐसी बात कोई अज्ञानता में ही बोल सकता है। जबतक आदमी जीवित है। दुनियाँ में ही जाना पड़ता है। दुनियाँ में कोई भी काम मन तथा माया के अधीन ही होता है। भूख लगेगी तो भोजन चाहिए ही, प्यास लगेगी तो पानी पीना ही पड़ेगा, साँस लेने के लिए हवा की जरूरत होगी ही, नींद आयेगी तो सोने की जगह चाहिए ही, थकावट होगी तो छाया और विश्राम के लिए जगह की जरूरत पड़ेगी ही। माया और दुनियाँ छुटेगी कैसे? हाँ, हृदय के साथ दिमाग, मन माया का संतुलन जीवन सफल करने के लिए बनाना पड़ेगा। नहीं तो मनुष्य का कीमती शरीर तथा जीवन सब बेकार हो जाता है।

अब सवाल है कि हृदय का संतुलन दिमाग, मन और माया के साथ कैसे बनेगा तथा जीवन सफल कैसे होगा? अर्थात ईश्वर को मनुष्य कैसे पायेगा? यह मनुष्य के जीवन में

सबसे महत्वपूर्ण बात है। हृदय की अपनी दुनियाँ होती है जो पूरा का पूरा ईश्वरीय है इसी में ईश्वर निवास करते हैं जो तेज प्रकाश से युक्त अपरिमित, अथाह और अनन्त है। इसका न आदि है न अन्त है। जहाँ परम सुख, परम आनन्द और परम शान्ति है। हृदय भाग में न कोई रोग (व्याधि) है, न बुढ़ापा है न मृत्यु है। यह शुरू से अन्त तक जस का तस रहता है। यह शरीर का सत्य भाग है। धरती पर सतगुरू ही हृदय की दुनियाँ को जानते हैं और पहचानते हैं। सतगुरू धरती पर एक समय में एक ही रहते हैं। एक समय में फिर दो नहीं हो सकते हैं। यह भी ईश्वरीय व्यवस्था होती है। सतगुरू का ईश्वर से Direct सम्बन्ध होता है। सतगुरू भी ईश्वर ही होते हैं लेकिन धरती पर मनुष्य रूप में ही विचरण करते हैं। उनकी सारी क्रिया मनुष्य की ही होती है इसलिए सतगुरू को पहचानना बहुत ही मुश्किल काम है। वे धरती पर जहाँ भी रहते है पूरी धरती और पूरे ब्रह्माण्ड को हमेशा देखते रहते हैं। जो मनुष्य उनके पास पहुँचता है तथा सतज्ञान के लिए याचना करता है उस पर कृपा करके प्रेम से सतज्ञान देकर उसी के हृदय तथा साँस से उसे जोड़ देते हैं। उसको सतज्ञान मार्ग में चार क्रियाएँ देते हैं जिसको नियमित करना पड़ता है। इसी को सुमिरन या भजन कहते हैं। सतज्ञान देकर उसके शरीर के साथ हो जाते हैं। उस व्यक्ति के साथ नियमित सत्संग करते हैं जिसमें जवीन और दुनियाँ का पोल खोलते हैं। उसमें बताते है कि सत्य क्या है और असत्य क्या है ? वे असत्य को छोड़ने और सत्य को पकड़ने के लिए प्रेरित करते हैं। सुमिरन नियमित करने पर भी उससे असत्य अपने आप हटने लगता है तथा उसके स्थान पर आदमी सत्य से जुड़ने लगता है अर्थात भीतर बाहर से अज्ञानता का अंधकार हटने लगता है तथा उसके स्थान पर ईश्वरीय प्रकाश मिलने लगता है। हृदय की दुनियाँ में पैठ बनने लगता है।

सतगुरू की आज्ञा में रहकर आदमी रोज–रोज हृदय की दुनियाँ में आगे बढ़ने लगता है अर्थात ईश्वर के मंजिल की ओर जाने लगता है। इस प्रकार आदमी को अथक परिश्रम करना पड़ता है तब हृदय की दुनियाँ में पैठ बनते बनते एक दिन बन जाता है अर्थात आदमी एक दिन ईश्वर के मंजिल को पा लेता है। जब मन, दिमाग को छोड़कर हृदय में विलीन हो जाता है तो दिमाग पर से पर्दा (नकाब) हट जाता है। ज्ञानचक्षु खुल जाता है तो सतगुरू हृदय में रखे ईश्वर के तार से ही ईश्वर को जोड़ देते हैं। ईश्वर मनुष्य के हृदय में प्रगट हो जाते हैं। मनुष्य के हृदय में, ईश्वर तथा असली रूप में सतगुरू एवं जीव तीनों आमने सामने हो जाते हैं। परमानन्द की लहर चरम सीमा पर पहुँच जाती है। इसी स्थिति को ईश्वर का साक्षात्कार कहते है। मनुष्य के अन्दर बाहर ईश्वर के प्रकाश से प्रकाशमय हो जाता है। अज्ञानता का अंधकार सदा के लिए समाप्त हो जाता है। मन, माया, दिमाग का हृदय के साथ संतुलन बन जाता है। उस मनुष्य के लिए सबकुछ सही होकर सही दिशा में काम करने लगता है। बाहर की सारी परिस्थिति वही रहने पर आदमी परमसुख, परमशांति तथा परमआनन्द में हमेशा–हमेशा के लिए डूब जाता है। मनुष्य के सामने मानवता प्रगट हो जाती है। कंधों पर से भार हट जाता है, शरीर फूल के समान हल्का हो जाता है। आदमी हर तरह से संतुष्ट हो जाता है। ईश्वर की बनायी हुई सारी चीजें उसको एक साथ मिल जाती है। वह ईश्वर को पाकर स्वयं ईश्वर बन जाता है। वह अपने को धन्य समझने लगता है। वह ईश्वर और सतगुरू दोनों को धन्यवाद देने लगता है। मानव जीवन सफल हो जाता है। उसके लिये जीना मरना कोई चीज नहीं रह जाता है। वह ईश्वरीय अनुभव में डूबा रहता है जिसका वर्णन मुँह से नहीं किया जा सकता है। इसी पर कबीर दास ने लिखा हैं–

नाम रूप दोउ अकथ कहानी समझत सुखद न परत बखानी।

रहीम जी कहते हैं–

रहीमन बात अगम की कहा सुनी की नाहिं।
जानत सो कहत नहीं कहत सो जानत नाहीं।।

ईश्वर का अनुभव अगम्य है जिसको विरले बिरले कोई जानता है। जो जानता है उसके मुँह से कहता नहीं है। जो मुँह से ईश्वरीय अनुभव का बखान करता है वह जानता हीं नहीं है।

एक जगह कबीर दास जी लिखे हैं–

गगन गर्ज बरसे अमी बादल भये गंभीर।
चौबीस दम की दामिनि तो भींगे दास कबीर।।

जब आदमी ईश्वरीय अनुभव में डूबता है तो शरीर के अन्दर गर्जन होने लगता है। उसको दुनियाँ तथा शरीर की कोई खबर नहीं रहती है। गगन से अमृत की वर्षा होने लगती है। चौबीसो **Glands** दमकने लगते है। उस अमृत की वर्षा में आदमी छुपता नहीं है बल्कि भींगता है। ईश्वर या शांति पाना ही मनुष्य जीवन की सफलता है शेष सब मिट्टी है।

अभी के सतगुरू प्रेम रावत जी महाराज हैं जो पूरी धरती पर लोगों को सतज्ञान देकर विवेक बाँट रहे हैं तथा सतज्ञान का बीज छीट रहे हैं। एक न एक दिन जो बीज जनमेंगे उनसे जंगल बनेगा और धरती पर सतयुग का प्रकाश फैलेगा।

–––––

पदभाग (1)

सतनाम ही संसार का मूल है जिसके बल पर सृष्टि की रचना हुई थी।

पूरी सृष्टि तथा पूरी दुनियाँ का सार हीं 'सतनाम' है। जो मनुष्य 'सतनाम' की दिशा में क्रिया करता है और उसको पा लेता है। वह ब्रह्माण्ड सहित धरती पर सबकुछ पा लेता है लेकिन जो 'सतनाम' को छोड़कर धरती पर सबकुछ पा लेता है। वह सबकुछ पाने के बाद भी कुछ नहीं पाता है इस पर कबीर दास ने भी लिखा है–

नाम लिया तिन सब लिया।
सकल वेद का भेद।
बिना नाम नरके पड़ा।
पढ़ता चारो वेद।।

साँच नाम जगत के ह मूल।
बाकी सब ह धुआँ और धूल।।
येही में तोर बाप दादा अझुरइले।
ताही से इहाँ से कुछ ना लेगइले।।
एही में तेहूँ गइल बारे अटकाई।
तेही से तोरो कुछ ना भेंटाई।।
अबहीं से साँच से नाता जोड़ भाई।
नात झूठ तोरा के खोद–खोद खाई।।
साँच स्वरूप सतगुरू हउएँ भाई।
ओही जा साँच के राह भेंटाई।।
जब चंचल मन स्थिर होई जाई।
तब जनिहे हामार होई भलाई।।

जब मोह माया के घड़ा फूटी जाई।
तब हरि घट में दीहें देखाईं।।
तोर जनम जनम के दुःख मेटी जाई।
तब असली सुख में रहबे समाई।।
अबकी असली हीरा के मोटा बन्हाई।
तब तोर मानुष तन स्वारथ होई जाई।।
जाये के जब तोर नम्बर आई।
त जाए के तोरा सिंहासन भेंटाई।।
सतगुरू साँच से ना नाता जोड़बे भाई।
त मरे के बेरा तोर होई पिटाई।।
पलक ना खुली गिरी नीर।
पड़ल रहबे ते झूठ का पीड़।।

जब मनुष्य का अन्तिम साँस टूटने की स्थिति में आ जाता है तो उस समय की स्थिति का वर्णन एक संत ने किया हैं–

आये यमराज तनिक नहीं माने।
मार–मार के प्राण निकारे।
नयनन ढरे नीर।
हँसा छोड़ चला पिंजरा को।
खाली पड़ी रही तस्वीर।।

–––––

पदभाग (2)

हरिनाम (सतनाम) के साँस में जारी होते ही हृदय में ईश्वर उपस्थित।

हरि, हरि या हरि के विभिन्न नाम से पुकारने पर हरि कुछ भी नहीं सुनते हैं। जब आदमी अन्दर से स्वतंत्र होकर प्रेम से साँस के साथ–साथ 'हरिनाम' को क्रियाशील करता है तो हरि सुन लेते हैं और सामने उपस्थित भी हो जाते है लेकिन बिना सतगुरू तथा सतज्ञान का यह संभव नहीं है। इस पर एक सोहर के तर्ज पर लिखा गया हैं–

हरि–हरि पुकारिले हरि नाहीं आवेले हे।
ललना अचके में मिलले सतगुरू त हरि राह बतावेले हे।।
गुरू जी देखी मन धूमिल भइले हृदय हरषित भइले हे।
ललना चले लगनी गुरू जी के संग त रहिया अगम लागे हे।
गुरू जी के शब्द बाण बेधे लागल देह धुआँ फुटे लागल हे।
ललना झरे लागल मनवाँ के मइली त काया निरमल लागे हे।।
चलते–चलते पैर थाके लागल अंग–अंग टूटे लागल हे।
ललना मुहँवा से निकसे ना बोली त दुनियाँ धूमिल लागे हे।।
गुरू जी फोड़नी मोह मटकी त प्रेम में मगन भइनी हे।
ललना झरे लागल नयना से नीर त घट में हरि के देखिले हे।।
गावे ले सूचित मास्टर सोहर गाइ के सुनावेले हे।
ललना भूली गइले सुधि बुद्धि सारी त तन सराबोर भइले हे।।

पद भाग (3)
ईश्वर वियोग

ईश्वर मनुष्य को धरती पर उतारने के पहले सबकुछ समझाने के बाद यह भी समझा देते हैं कि दुनियाँ एक मेला है जो रंग–बिरंगी है। उसमें बहुत आकर्षन है। ये मेरी उँगली पकड़ो। ऊँगली को पकड़कर ही वहाँ कुछ दिनों के लिए ठहरना है, रहना है तथा घुमना–फिरना है लेकिन चका–चौध में फँसना नहीं है। सबको अपनी ऊँगली पकड़ पाकर यहाँ पहुँचाते हैं। आदमी जब ऊँगली पकड़े हुए मेला में घुसता है तो इधर ताकता है, उधर ताकता है। जिधर ताकता है ताकते रह जाता है और ऐसे माया की दुनियाँ में फँसता है कि ईश्वर की ऊँगली कब छूट जाती है उसको कुछ पता नहीं चलता है। ऊँगली छूटते ही ईश्वर उससे दूर जाते–जाते इतना दूर चले जाते हैं कि उसके आँख से ओझल हो जाते हैं। वह पूरी तरह माया के अंधकार में फँस जाता है। वह अपने ह्रदय में लगी प्यास के कारण ईश्वर को जीवन भर खोजता रहता है। लेकिन गलत जगह पर खोजने के कारण ईश्वर मिलते नहीं है। सब मनुष्यों के साथ लगभग यही होता है। जो मनुष्य सतगुरू और सतज्ञान पाकर ईश्वर को खोजने लगता है। उसे एक न एक दिन ईश्वर मिल जाते हैं। वह ईश्वर द्वारा समझायी गयी बात को भी पा लेता है। उसका जीवन सफल हो जाता है। बाकी लोग इस भवसागर में डूबकर अपना जीवन खराब कर लेते हैं।

दुनियाँ का मेलवा में ऊँगली धराई पिया पहुँचायी दिहले ना।
कहवाँ गइले पराई हो दिखाई दिहले ना।।
गिरिजा गुरूद्वारा–मस्जिद में खोजनी हो मंदिर में खोजनी ना।
कहीं पियवा ना भेंटइले हो निराश भइनी ना।।

स्वर्ग में खोजनी पाताल में खोजनी हो गगन में खोजनी ना।
कहीं पियवा ना भेंटइले हेा निराश भइनी ना।।
बाईबिल–वेद में खोजनी, पुरान में खोजनी हो कुरान में खोजनी ना।
कहीं पियवा ना भेंटइले हो निराशन भइनी ना।।
तीरथ में खोजनी, सागर में खोजनी हो पहाड़ में खोजनी ना।
कहीं पियवा ना भेंटइले हो निराश भइनी ना।।
सतगुरू का ज्ञानवाँ में मिलल सुमिरनवाँ साँच रहिया मिलल ना।
काया भइले निरमलवा हो भरोस भइले ना।।
बाहर से फिरी ज्ञानज्योति में समइनी हो भीतर गइनी ना।
घट में भइनी पिया संग हो मगन भइनी ना।।
गावेले सूचित जी बियोग जतसरिया हो शरण में आइके ना।
हँई प्रेम के निखारी हो चरण में लेइनी ना।।

इस पर कबीर दास ने लिखा है :–

ठहरना नहीं, यह संसार बिराना है।
यह संसार कागज का पुड़िया बून्द पड़त गली जाना है।।
ठहरना नहीं यह संसार बिराना है।
यह संसार झाड़ और झाखर आग लगे जल जाना है।।
ठहरा नहीं यह संसार बिराना है।
यह संसार काँट कँटीला उलझ पुलझ मरी जाना है।।
ठहरा नहीं यह संसार बिराना है।
कहे कबीर सुनो भाई साधो।।
सतगुरू नाम ठीकाना है।
ठहरना नहीं यह संसार बिराना है।।

पद भाग (4)

मनुष्य के संसार में भ्रम के कारण और निवारण

चुन्दर में दाग काहे लागल।
निर्मल काया जग में आया जहाँ सबकुछ है भरपूर,
कच्चा रंग चढ़ गया तन पर पक्का रंग हुआ दूर।
चुन्दर में दाग एही से लागल
चुन्दर में दाग काहे लागल।
साँच झूठ दोई राह जगत में खेलत निशिदिन खेल,
साँच का राह चुना न तूने झूठे से कर लिया मेल।
चुन्दर में दाग एही से लागल,
चुन्दर में दाग काहे लागल।
साँस का तू है भिखारी अभिमान में रहत है चूर,
अमर मान के जग में दौड़े सतगुरू राह से दूर।
चुन्दर में दाग ऐही से लागल,
चुन्दर में दाग काहे लागल।
मन का तार जोड़ लिया विषयन से जिसमें न है कछु मूल
मोहमयी मदिरा को पीकर जग में चलत बेसूर।
चुन्दर में दाग एही से लागल
चुन्दर में दाग काहे लागल।
कहे सूचित तन जोड़लो साँच से सतगुरू मिलिहें जरूर
साई का प्रकाश मिलेगा दाग छूटिहें जरूर।
चुन्दर में दाग काहे लागी,
चुन्दर में दाग काहे लागी।

ईश्वर का रंग पक्का होता है और दुनियाँ का रंग कच्चा होता है। पक्का रंग पर कच्चा रंग चढ़ जाता है तो सतगुरू के साबून से ही साफ होता है। साँस पर ध्यान नहीं देने पर आदमी अभिमान में डूबता है और अपने को अमर समझ लेता है तथा उसके साथ सारी बुराईयाँ आ जाती है।

पद भाग (5)
ईश्वर को पाने का शर्त्त

छलकपट झूठ को छोड़ रे, तुझे राम मिलेंगे।
करी कृपा प्रभु जग पहुँचाये।
हरि से नाता जोड़ रे, तुझे राम मिलेंगे।।
जग आई झूठा प्रेम पसारे।
सच्चा प्रेम से जुड़ रे, तुझे राम मिलेंगे।।
जग बंधन नाजुक अंधियारा।
सतगुरू दीहें तोड़ रे, तुझे राम मिलेंगे।
झूठा प्रेम चढे फिर उतरे।
सतगुरू खोलिहें पोल रे, तुझे राम मिलेंगे।
बिनु सतगुरू सतप्रेम ना जाने।
पीव प्रेम से जुड़ रे तुझे राम मिलेंगे।
कहे सूचित जंजाल सब छोड़ो।
सतनाम से जुड़ रे, तुझे राम मिलेंगे।

छल–कपट एवं झूठ इतना मनुष्य के जीवन में खतरनाक है कि थोड़ा भी इसके सानिध्य में रहने पर न सतज्ञान हो सकता है और न ईश्वर मिल सकते है। यह नियम ईश्वर का ही बनाया हुआ है। बुद्धदेत के साथ यही हुआ था। उनमें थोड़ा सा झूठ का अंश था। ज्ञान नहीं हो रहा था। अब वे बिल्कुल निराश हो चुके थे। सुजाता सतगुरू के रूप में आयी। बातचीत के द्वारा उनमें से हटा दी। इसके बाद सतज्ञान दी। बुद्धदेव को ज्ञान हुआ तथा ईश्वर भी मिल गये। इसके बाद सबकुछ हुआ। ऊपर ईश्वर पाने तथा जीवन सफल करने का जो शर्त है उनको अपनाने पर मनुष्य का सबकुछ हो सकता है तथा ईश्वर को पाकर जीवन सफल हो सकता है।

पद भाग (6)
साँस ही जीवन सार

पहला और अन्तिम साँस के बीच जिन्दगी है तेरी।
साँस ही जीवन और साँस ही ईश्वर तेरी।।
साँस के ही कारण जग में जगह मिली है तेरी।
साँस के ही कारण जग में मान और सम्मान तेरी।।
जिसे मेरा कहता है वह मेरा ना है तेरी।
तेरा–मेरा तो सपना है साँस ही अपना तेरी।।
साँस नहीं समझा तो सारी जिन्दगी है बेकार तेरी।
साँस का भेद ही जिन्दगी सफल करेगी तेरी।।
साँस ही अनमोल धन है शेष धन का मोल तेरी।
साँस का आना–जाना ही ईश्वर का उपहार तेरी।।
सतगुरू के शरण में ही साँस का है भेद तेरी।
साँस के भेद में ही आत्मज्ञान है तेरी।।
कहे सूचित अबहीं से जानो एक–एक साँस का मोल।
नहीं तो यम के पास खुलेगा एक–एक साँस का पोल।।

जीवन का सच्चा राह

कबीर दास ने भी कहा है–

काह भरोसा देह का बिगत जात छिनमाहीं।

श्वास–श्वास सुमिरन करो और जतन कछु नाहीं।।

कबीर दास ने साँस के महत्व पर प्रकाश डाला है।

धोबिया जल बीच मरत प्यासा।

जलही में ठाढ़ पियत नहीं मूरख अच्छा जल है खासा।

अपने घट का मरम ना जाने करे धोबियन के आशा।।

धोबिया जल बीच मरत पियासा।

छिनही में धोबिया हँसी–हँसी धोये छिनही में होय उदास।

आपे अंधे करम की रस्सी आपे घटि के पासा।

धोविया जल बीच मरत पियासा।

सच्चा साबुन ले नहीं मुरख है संतन के पासा।

दाग पुराना छूटत नाहीं धोअत बारह मासा।

धोबिया जल बीच मरत पियासा।

पद भाग (7)

नरतन एक तराजु के दो पलड़ा के सामन

एक नर तन में दो भाग हैं (1) नश्वर, (2) अविनाशी। यह एक तराजु के दो पलड़े के समान है। दोनों के अलग–अलग प्रभाव हैं।

हमारे प्रभु अजरज नरतन रचाई।
एक तन एक तुला बनाई असीम शक्ति पिलाई।
एक पलड़ा पर आपु बैठे दूजे जग–माया बैठाई।
हमारे प्रभु अचरज नर तन रचाई।
आपु संग साँच उजियाला दूजे अंध झूठाई।
आपु संग परदा नहीं कोई दूजे जिन्द लगाई।
हमारे प्रभु अचरज नर–तन रचाई।
आपु संग बिकार न कोई दूजे विषय जाल बिछाई।
आपु संग अनत सुख होई दूजे दुःख चिन्ता वर्षायी।
हमारे प्रभु अचरज नर–तन रचाई।
आपे संग भेद नहीं कोई दूजे भेदे जीवन गवाँई।
आपे संग जाना नहीं आना दूजे आवागमन बनाई।
हमारे प्रभु अचरज नरतन रचाई।
आपु हृदय में वास बनायो जहाँ सत अनुभव कराई।
दूजे संग मन मस्तिष्क बसै जहाँ सोच–बिचार कराई।
मेरो प्रभु अचरज नरतन रचाई।
बिनु सतगुरू आप नहीं जाने दुनियाँ माने सीखाई।
बिनु जाने मिलन नहीं तेरो माने जनम–जनम भटकाई।
हमारे प्रभु अचरज नर तन रचाई।
मुरख जग यह भेद न जाने विरथे अचरज नरतन गवाँई।
हमारे प्रभु अचरज नर तन रचाई।।

तुलसी दास ने भी रामचिरत मानष में एक जगह लिखा है–

तात स्वर्ग उपवर्ग सुख धरिअ तुला एक अंग।
तुल ना ताही सकल मिली जो सुख लव सत्संग।।

यदि पूरे संसार का सुख एवं पूरे स्वर्ग के सुख को तराजु के एक पलड़ा पर रखा जाय तथा दूसरे पलड़ा पर सत्य (ईश्वर) के बखान (सत्संग) के सुख को रखा जाय तो सत्संग के सुख का पलड़ा भारी हो जाता है।

कबीर दास ने भी कहा है :–

राम बुलावा भेजिया दिया कबीरा रोय।
जो सुख साधु संग में सो बैकुण्ठ ना होय।।

जब कबीर दास को राम के द्वारा धरती से जाने की बुलाहट आ गयी तो उस समय कबीर दास ने देखकर कहा और रोया कि जो सुख संतों की सभा में सत्संग में मिलता था वह सुख बैकुण्ठ में भी नहीं है।

——————

——

पद भाग (8)

मनुष्य को ईश्वर ने सबको एक समान उसके अन्दर दिया है, शरीर के बाहर कुछ नहीं दिया है।

मनुष्य के लिए ईश्वर ने सबकुछ उसके अन्दर रखा है। शरीर के बाहर उसके लिए कुछ नहीं रखे हैं।

ऐ नर समझो बात हमारी।
बाहर तो जीने का साधन करता क्यों खरीददारी।
खरीदना है तो अन्दर खरीदो बाहर खरीद बेकारी।
ऐ नर समझो बात हमारी।
तन को धोकर साफ बनावे चमक–दमक है भारी।
अन्दर से तो मन मैली की दुर्गन्ध देत है भारी।
ऐ नर समझो बात हमारी।
बाहर के साज–सजावट में जीवन देल गुजारी।
अन्दर के श्रृंगार ना कइल नाव पड़ल मजधारी।
ऐ नर समझो बात हमारी।
तन के बाहर हरि खोजे में समय बितवल सारी।
तेरे तन में बसे निरंजन संग घूमे तुम्हारी।
ऐ नर समझो बात हमारी।
तेरी प्रकृति साँच को खोजे झूठा जाल पसारी।
साँचे में शांति–प्रकाशा अंध–अशांति बसे झूठारी।
ऐ नर समझो बात हमारी।
बिनु सतगुरू अन्दर नाहीं जावे जहाँ हीरा रतन धन खानी।
बाहर जग में मोल करत है कागज, पत्थर, धुल पानी।
ऐ नर समझो बात हमारी।

सतगुरू संग नर जीवन कुँजी जीवन की साँच बखानी।
बिनु कुँजी हरि घर नहीं खुले बन्दे घर जीवन गुजरानी।
ऐ नर समझो बात हमारी।
कहे सूचित हरि घर नहीं खुला नरतन फँसा भवजाल।
यम का शस्त्र चले जब तुमपर मूखेन आवे बकार।
ऐ नर समझो बात हमारी।

कबीर दास ने भी समर्थन किया है कि मनुष्य का सबकुछ उसके अन्दर है। बाहर उसके लिए कुछ नहीं है। यही कारण है कि मरने के बाद उसको यहाँ से कुछ नहीं मिलता है। खाली हाथ यहाँ से चला जाता है। उसको मेरा कहने के लिए कुछ नहीं रह जाता हैं– कबीर दास ने अन्दर की बात देखकर एवं अनुभव करके कहा है–

इस घट में है सात समुन्दर
इसी में नव लाख तारा।
इस घट में है बाग–बगीचे इसी में पालन हारा।
इस घट में है हीरे मोती इसी में परखन हारा।
इस घट में अनहद गरजे इसी में गिरत फुहारा।
कहे कबीर सुनो भाई साधो इसी में साई हमारा।।
मनुष्य बाहर देखकर अपने को जो पाता है।
वह, वह नहीं है। अपने अन्दर जाने पर अपने को जो पाता है।
वह, वही है।
मनुष्य के साथ यही असलियत है।
इससे अलग अपने बारे में कुछ सोचना बिल्कुल भ्रम है।

पद भाग (9)
अपनी बड़ाई वह करता है जो कुछ नहीं जानता है।

इस संसार में जो भी वस्तुएँ हैं संजीव या निर्जीव सब गुण दोष से भरे हुए हैं। लेकिन प्रत्येक मनुष्य के लिए यह जरूरी है कि अगर दोष देखना (अवगुण देखना) है तो अपने में देखे और गुण देखना है तो अपने को छोड़कर सबमें देखे। यह आदमी को संभलने में बहुत मदद करता है।

ऐ नर क्यों करता अपनी बड़ाई।
तू अपराधी जन्म का क्यों करता खुद की बड़ाई।
बड़ बड़ाई जगत का दिल में डूढ़ो अपनी बुराई।
अपनी बड़ाई अभिमान डूबावे क्षण क्षण राह भटकाई।
खुद की बुराई दिल में जब खोजे दिन दिन संभलत जाई।
ऐ नर क्यों करता अपनी बड़ाई।
सबकुछ उल्टा समझ लिया तू झूठा राह अपनाई।
साँच प्रकाश में देखे जगत को असली बात बुझाई।
ऐ नर क्यों करता अपनी बड़ाई।
तीरथ जाई तन जल से धोये काया साफ न होई।
अन्दर जाई गर्जन धुन सुने उसी से काया धोआई।
ऐ नर क्यों करता अपनी बड़ाई।
बिनु सतगुरू जीवन भर भटके नर जीवन रस नहीं पाई।
जिमी श्वान हड्डी रस चूसे मुँह से रूधिर बहाई।
ऐ नर क्यों करता अपनी बड़ाई।
कहे सूचित सतगुरू नहीं पाई असली बात न बुझाई।
झूठे जाल में जीवन फँसाई नर तन दिहल गवाँई।
ऐ नर क्यों करता अपनी बड़ाई।

बिनु सतगुरू जीवन भर भटके नर जीवन रस नहीं पाई।
जिमी श्वान हड्डी रस चूसे मुँह से रूधिर बहाई।
ऐ नर क्यों करता अपनी बड़ाई।
कहे सूचित सतगुरू नहीं पाई असली बात न बुझाई।
झूठे जाल में जीवन फँसाई नर तन दिहल गवाँई।
ऐ नर क्यों करता अपनी बड़ाई।

एक संत ने लिखा है–

जड़ चेतन गुण दोषमय विश्व कीन्ह कर्तार।
संत हंस गुण गहहिं पय परिहरि बारि बिकार।।

ईश्वर ने पूरी सृष्टि में जड़ चेतन जो भी बनाया है। प्रत्येक गुण–अवगुण से युक्त ही है। हंस दूध के क्रीम को खाता है लेकिन उसके विकारयुक्त जल को छोड़ देता है, उसी प्रकार संत किसी भी वस्तु या व्यक्ति में ईश्वर (गुण) को ही देखते है उसके अवगुण को टार देते हैं।

अच्छे मनुष्य संत :– संत कहते किसे हैं ? जो व्यक्ति असली बात समझ जाता है और उसे अपनाता है वही संत है। जो असली बात समझ जाता है लेकिन अपनाता नहीं है या जो असली बात समझता ही नहीं है न अपनाता है वही असंत है। चाहे वह कुछ भी करे। अन्दर से ही कोई संत होता है बाहर से नहीं। जो बाहर से वेश–भूषा से संत है वह तो पेट के लिए संत बना है या ज्ञानी बना होता है। रहीम जी लिखे हैं:–

बुरा जो देखन मैं चला बुरा मिला न कोय।
जब दिल खोजा आपना मुझसे बुरा न कोय।।

उनके कहने का मतलब है कि यदि गुण देखना है तो दूसरे में देखिए और अवगुण देखना है तो अपने में देखिए। इससे आदमी संभलते–संभलते संभल जाता है।

पद भाग (10)

भवसागर पार करना ही मानव जीवन की सफलता।

इस संसार को भवसागर कहा गया है जो धरती से उपर लाखों लाख मील तक अज्ञानता और भ्रम के अंधकार का क्षेत्र है। उसके उपर ईश्वरीय क्षेत्र है। ऐसे अंधकार के क्षेत्र को पार करने के लिए ईश्वर मनुष्य योनि में भेजते हैं।

मोरा कुछ ना बुझाय प्रभु जी मोरा कुछ ना बुझाय।
जग भवसागर नरतन नाव सम कइसे होई उस पार।
प्रभु जी मोरा कुछ ना बुझाय।
बड़े भाग्य यह अवसर पायो आपु कृपा अपार।
अइसन करूणा करि करूणामय चूकी ना अबकी बार।
प्रभु जी मोरा कुछ ना बुझाय।
फुटल नइया इह पुराना भव में चलत तूफान।
मोरा कुछ ना बुझाय प्रभु जी मोरा कुछ न बुझाय।
चलत नाव मजधार फँसी गइले फिर डुबने की बार।
करि हरि कृपा सतगुरू मिलवले खेई के नाव कइलन उस पार।
प्रभु जी मोरा कुछ ना बुझाय।
बिनु साँच सतगुरू नहीं पावे सतगुरू बिनु सतप्रेम।
बिनु सतप्रेम घट साई नहीं पावे नाव डूबे मजधार।
प्रभु जी मोरा कुछ ना बुझाय।
कहे सूचित सतकर्म नर होई चार कृपा होई राम।
चारो कृपा मिली पार उतारे कटे सकल भव जाल।
प्रभु जी मोरा कुछ ना बुझाय।

पद भाग (11)

मानव तन ईश्वर का एक उपहार

मनुष्य का शरीर छः तत्वों का बना होता है–कार्बन–**(C)** हाइड्रोजन–**(H)** नाइट्रोजन–**(N)** कैल्सियम–**(Ca)** आक्सीजन–**(O)** और फॉस्फोरस–**(P)**। ये छः तत्व पृथ्वी पर के तत्व हैं। मरने के बाद मनुष्य धरती पर आता है यहबात सत्य है। लेकिन मनुष्य बनकर आता है यह बात असत्य है। मनुष्य बैगन, टमाटर, सूअर, घोड़ा, गदहा, आम का पेड़, झरकट का पेड़, कुत्ता, बिल्ली ये सब धरती पर चौरासी लाख योनि हैं। ये सब दुःख योनि हैं जिनको काटने में करोड़ो वर्ष लग जाते हैं। मनुष्य बनने के लिए उपर्युक्त छः तत्वों का समागम कब होगा। यह ईश्वर का एक रहस्य है।

मानव सोचो, तेरी काया है अनमोल रतन।

जिसमें साई रमन करे क्षण क्षण।।

हरि ने बुना नरतन नव माहीं।

सीए0, सी0, ओ0, एन0, एच0, पी0 तत्व एक साथ मिलाहीं।।

इस काया में एक ऐसा स्थाना।

जहाँ हरि मंदिर में बन्द है ताला।।

सतगुरू संग हरि ताला की कुँजी।

सतगुरू ज्ञान के साथ देवे उसकी कुँजी।।

ज्ञानबल से नर मंदिर में समायी।
साई पाई जीव संग होई जाई।।
सूचित के जनम जनम के बंधन कटी जाई।
चौरासी लाख के त्रास मिट जाई।।

पढ़ा वेद लेकिन भेद नहीं जाना।
आत्मा को जाने बिना ज्ञानी तो कहलाता नहीं।

कबीर दास

पद भाग (12)

सत ही जीवन तथा दुनियाँ का सार।

इस दुनियाँ में मुख्य रूप से दो मार्ग हैं– (1) सच्चा मार्ग (2) झूठा मार्ग। मनुष्य के जीवन के मार्ग में बहुतेरे **Diversion** (चौमुहानी) हैं। लेकिन कहीं साइन बोर्ड नहीं हैं कि यह रास्ता सुगम तथा आसान (सच्चा मार्ग) है एवं इसमें मंजिल भी है। अमुक रास्ता कठिन तथा **(Rough)** (झूठा मार्ग) है। यह जंगल का रास्ता है जिसमें कहीं मजिल नहीं है। मनुष्य इसके लिए आजाद है। अपनी समझदारी एवं सोच विचार से जो रास्ता पकड़े। लेकिन सच्चा मार्ग के साथ ईश्वर का आशीर्वाद एवं झूठा मार्ग के साथ ईश्वर का दंड है।

नर तन जीवन के तीन रूप।
पहला अंतिम बीच स्वरूप।।
बीच स्वरूप में साई घट बासा।
सच्चा प्रेम कर बन जा दासा।।
जनम से झूठ सिखावे पितु माता।
झूठी दुनियाँ का करत अभ्यासा।।
यह तन क्षण क्षण क्षीण होई जाई।
बितल क्षण कभी लौट ना आई।।
उल्टा जीवन के राह भेंटाइल।

सुन्दर नर तन जाल में घेराइल।।
काम, क्रोध, मोह, मद, लोभ पाँच भाई।
जनम जनम के बैरी ह भाई।।
झूठ का राह में फेर इहे भेंटाइल।
सूचित के सतगुरू चरण से डोर ना जोड़ाइल।।

काम क्रोध, मद, लोभ के जिनके ह्रदय में खान।
का मूरख का पंडिता दोनों एक समान।।
कबीर दास

पद भाग (13)
मन का संतुलन ही जीवन की सफलता

मनुष्य के शरीर में मन बहुत ही शक्तिशाली होता है। जब यह दिमाग के साथ होता है तो ह्दय को कमजोर कर देता है लेकिन जब ह्दय के साथे हो जाता है तो यह ह्दय को इतना मजबूत बना देता है कि जीव को ईश्वर से मिला देता है। जब मनुष्य के दिमाग में (तीन चार साल के बाद) झूठ का स्टॉक होने लगता है तो मन मनुष्य से उसके जीवन की गद्दी छीन लेता है और उसके जीवन का अपने राजा बन जाता है तथा मनुष्य को कंगाल बनाकर उसको मूर्ति बना देता है तथा डोरी के सहारे उसको नचाने लगता है।

जनम के साँच काहे झूठ में फँसवले रे मोर पागल मनवाँ।
नाहक मचावतारे शोर रे मोर पागल मनवाँ।।
मर्कट समान हरदम भटकले रे मोर पागल मनवाँ।
पीछे से देले भटकाई रे मोर पागल मनवाँ।।
चिंता करत तू सदा विषयन के रे मोर पागल मनवाँ।
मोह माया में दीहले अँटकाई रे मोर पागल मनवाँ।।
दोसरे का कामवाँ में देह अझुरवले रे मोर पागल मनवाँ।
जीव के दिहले फँसाई रे मोर पागल मनवाँ।।
ह्दय के छोड़ी तन उपर चढ़ी गइले रे मोर पागल मनवाँ।
नर तन कइले खराब रे मोर पागल मनवाँ।।
सतगुरू का ज्ञानवाँ से लागी तोर लगामवाँ रे मोर पागल मनवाँ।

होई जइबे ह्रदय के संग रे मोर पागल मनवाँ।।
कहे सूचित मन होई ह्रदय संग।
अन्दर पट खुली हँस होई हरिसंग।।
सबहिं नचावत मन गोसाँई।
नाचत है मर्कट की नाईं।।
(सूचित)

पद भाग (14)

यदि मनुष्य धरती पर कुछ पाना चाहता है तो सबसे पहले सतगुरू का सतज्ञान ही पावे।

द्रोपती के स्वेम्बर में नाचती हुई मछली की आँख में तीर मारना था। जो बीर पुरूष दूसरी दूसरी चीजों को देखा उसको मछली की आँख दिखाई नहीं पड़ी। वह स्वेम्बर नहीं जीत सका और न उसे कुछ मिला। लेकिन अर्जुन की जब बारी आई तो वह दूसरी कोई चीज नहीं देखा, केवल मछली की आँख देखा। वह मछली की आँख में तीर मारने में सफल हो गया। उसे द्रोपती मिली और उसके साथ दूसरी चीजें भी मिलीं। इसी प्रकार धरती पर मनुष्य का जन्म ईश्वर पाने के लिए ही होता है। दूसरे दूसरे काम के लिए नहीं। जो ईश्वर को यहाँ पा लेता है उसे ईश्वर के साथ–साथ सबकुछ मिल जाता है लेकिन ईश्वर नहीं जिसको मिलते हैं उसे यहाँ कुछ नहीं मिलता है।

मानव जीवन एक तीर है जिसका एक ही लक्ष्य।
ईश्वर से साक्षात्कार करो पावो परमानन्द।।
दूसरा ना कोई कुछ पाया है पाने को नहीं सोच।
इससे अलग कुछ खोजोगे तो मिलेगा बंधन व चोट।।
पूरे ब्रह्माण्ड में एक ऐसी जगह है जिसका नाम है धरा।
जहाँ नर मुक्त होता है या बंधन में पड़ा रहा।।
सतगुरू ज्ञान अनमोल धन है जो धरती का रत्न।

शेष धरती पर आकर्षण बना है जिसको पाये मिलेगा माया का बंधन।।
सब पंथ ग्रन्थ को छोड़कर सतगुरू चरण से जोड़ लो डोर।
तेरा हँस धरा से 'नाम' जीतेगा एक ईश्वर में मन को जोड़।।
कहे सूचित जीवन को देखो दूर दृष्टि अपनाई।
अगल–बगल छाँकोगे तो जीवन जाल घेराई।।

भले मन समझ के लाद लदनियाँ। भूखे लगे तो खाना खाले आगे हाट न बनियाँ। प्यास लगे तो पानी पी ले आगे देश निपनियाँ, भूले मन समझ के लाद लदनियाँ (कबीर दास)

भूख – आत्मज्ञान
प्यास – ईश्वर पाना

पद भाग (15)
हृदय नेत्र (ज्ञानचक्षु) ही मनुष्य का असली (सच्चा) नेत्र।

दुनियाँ के सारे लोगों का खान–पान, रहन, सहन वेष–भूसा, सोच–विचार सब अलग–अलग होता है लेकिन अन्दर से सब कोई एक समान ही होते हैं। यही कारण है कि डॉक्टर कहीं का हो लेकिन दुनियाँ के लोगों के एक रोग का एलाज एक तरह का ही होता है। इसलिए तो एक देश का डॉक्टर दूसरे देश में भी जाकर डॉक्टरी करता है। जो आँखे हमें बाहर देखने के लिए मिला है वे झूठे हैं। लेकिन हमारे अन्दर भी आँख है जिसे हृदय नेत्र या ज्ञान चक्षु या तीसरा नेत्र कहते हैं। यह सच्ची आँख है जो सच्चा प्रकाश में सभी चीजों को देखती है। अन्दर–बाहर दोनों ओर से।

बाहर से सब भिन्न–भिन्न दिखे।
अन्दर से सब एक ही रूपे।।
झूठी आँख झूठे दिखावे।
असली आँख बन्दे रह जावे।।
असली आँख जिसका नहीं खुला।
नीन्दे में सब जीवन भूला।।

बाहर की रोशनी अंध समाना।
भीतर की रोशनी असली सब जाना।।
असली आँख ज्ञानचक्षु कहावे।
वही बाहर को भीतर दिखावे।।
ज्ञान चक्षु अन्दर जब खुले।
पूरा ब्रह्माण्ड तन भीतर झूले।।
तीसरा नेत्र खुला तो जग जागा।
नहीं खुला तो सोया अभागा।।
बिनु सतगुरू सतज्ञान न पावे।
बिनु सतज्ञान हृदय नेत्र बन्दे रह जावे।।
कहे सूचित जिसका हृदय नेत्र नहीं खुला।
मानव जीवन का रस नहीं लिया।।

झूठा नेत्र (बाहर का नेत्र) और असली नेत्र (अन्दर का नेत्र) दोनों के बारे में अलग–अलग दरिया संत ने अपना अनुभव करके कहा हैः–

(1) दरिया जगत सब सोया मिला,
जागा मिला न कोय।
जागे में फिर जागना जागा कहिये सोय।।

बाहर की आँखें खुली हों या बन्द हों आदमी सोया हुआ ही रहता है जैसे जब बाहर अंधकार फैला रहताहै तो बाहर की आँखें खुली हो या बन्द हो बाहर अंधकार ही रहता है। बाहर की आँखें बन्द हों लेकिन आदमी अन्दर से जगा हो और तब तीसरा नेत्र खुल जाय असको जागे में जागना कहते है। वही आदमी असली जागरूकता में होता है। बाकी सब संसार में सोया हुआ ही रहता है चाहे आँखें खुली हो या बन्द हो।

इस संसार में केवल झूठी आँखें खोलकर काम करने वाला आदमी चाह कर भी सही–सही कर्म नहीं कर पाता है। इस पर दरिया संत ने ही कहा है :–

(2) कर्म कुल्हाड़ी अंग बना काटत बारम्बार।
अपने हाथो आपको काटत है संसार।।

अंधकार में जो आदमी काम करता है उसके सारे अंग कुल्हाड़ी बनकर अपने जीवन को अपने हाथ से काटता रहता है।

—————

पद भाग (16)

अज्ञानता एवं भ्रम ही मनुष्य का अपना सबसे बड़ा दुश्मन

दुनियाँ में सबलोग यह जानते हैं कि हमको मरना है अर्थात एक दिन नहीं रहना है। यह भी जानते हैं कि यहाँ से कुछ भी लेकर जाना नहीं है अर्थात धरती की चीजें सब धरती पर रहेंगी तो भी वह जीता ऐसे है मानों वह अमर है तथा धरती पर की सारी चीजों एवं सारे मनुष्यों को अपने अधीन करना चाहता है। ऐसा सोच मनुष्य की इतनी बड़ी नासमझी है कि इसका कोई पारावार नहीं है। ऐसा सोच स्वयं मनुष्य को भी अशांत एवं दुखी करता है और सारी प्राकृतिक चीजों को अशांत एवं दुखी करता है, इसका एक ही कारण है कि मनुष्य की अज्ञानता एवं भ्रम चरम सीमा पर पहुँच चुकी है जिसका खतरनाक परिणाम मनुष्य के सामने आ रहा है तथा आयेगा। यदि नहीं संभला तो।

> क्यों करता मेरा मेरा यह कभी न होगा तेरा।
> जो असली है तेरा उसको समझा नहीं मनोरा।।

जग में माने जो अपना वो सबकुछ तेरा सपना।
तेरे ही तन में आत्मा वही है तेरा अपना।।
आत्मा को जाने जग जागा नहीं तो सोया रहा अभागा।
जबतक असली बात न समझेगा अंधेरे में दौड़ेगा।।
बिनु सतज्ञान जग में भटकेगा सही राह नहीं सुझेगा।
सतगुरू मिलन जब होगा खुद जीवन को समझेगा।।
खुद के भीतर झाँकेगा सुख शांति में डूबेगा।
जबतक दुनियाँ में देखेगा दुख चिन्ता नहीं छुटेगा।।
सतगुरू शरण में जायेगा दुनियाँ का भ्रम मिटेगा।
मेरा मेरा का दाग हटेगा तब सूचित हरिसंग बैठेगा।।

एक संत ने लिखा है–

तेरा तेरा तू कहता है। मुझमें रहा न हूँ।
मुझसे हूँ जब निकल गया तो जहाँ देखा तू ही तू।।

पद भाग (17)
असली ज्ञान का अभाव ही मनुष्य के सारे दुःखों एवं अशांति का जड़

मनुष्य योनि ईश्वर की ओर से एक तरह का फुर्सत है जो सुख, चैन और आराम से जीने के लिए मिलता है। मनुष्य बिना मतलब की बात और जिम्मेवारी अपने मन से गढ़कर पकड़ लेता है तथा जीवन को बोझिल बनाकर अपने भी दुख, चिंता, परेशानी में फँसता है तथा अपने गलत–सलत कर्म से दूसरे को भी दुख, चिन्ता, परेशानी में डालता रहता है। जबतक वह धरती पर जिन्दा रहता है। यह सब असली ज्ञान के अभाव में होता है।

ऐ नर! तेरी शांति कहाँ हेराई।
जब से होश संभाला जगत में असली पंथ भुलाई।
दुनियाँ के चकमक में दौड़ा वहीं पर हीरा गवाँई।।
ऐ नर! तेरी शांति कहाँ हेराई।
तेरी प्रकृति सुख शांति खोजे मन यहाँ वहाँ दौड़ाई।
काल–कर्म से अशांति पाया मन गया बौराई।
ऐ नर! तेरी शांति कहाँ हेराई।
तन, मन, धन, सूत, दारा में सदा रहे लिपटाई।
मोह–माया, दिन–रात, बढ़े जीवन पर बादल छाई।

जीवन का सच्चा राह

> ऐ नर! तेरी शांति कहाँ हेराई।
> तेरे घट में साई रमता सतगुरू दीहे बताई।
> सतगुरू चरण में सूचित जब लिपटे शांति दीहें लौटाई।
> ऐ नर! तेरी शांति कहाँ हेराई।

भूले मन समझ के लाद लदनियाँ।
थोड़े लाद बहुत नहीं लादे ना त टूट जायेगी तेरी गरदनियाँ।।
भूले मन समझ के लाद लदनियाँ। (कबीर दास)

जीवन की कुछ आवश्यक बातें

(1) मनुष्य जो कुछ देखता है वह जीवन नहीं है। जो जीवन है वह दिखाई नहीं पड़ता है। सब जानते हैं कि साँस का चलना ही जीवन है और साँस का हट जाना ही मृत्यु है। लेकिन सामने की आँख से साँस दिखाई कहाँ पड़ता है। साँस एक विचित्र और अनमोल धरोहर है जिसमें साक्षात अलख पुरूष अविनाशी (ईश्वर) रमन करते हैं जिसे ईश्वर की कृपा और सतगुरू की दया से सतज्ञान द्वारा देखा जा सकता है, परखा जा सकता है, समझा जा सकता है और पाया जा सकता है। ऐसा होना ही जीवन की सफलता है बाकी कहीं कुछ नहीं है। चाहे मनुष्य दुनियाँ में कुछ भी करे।

(2) मनुष्य इसलिए जीवित है कि उसके अन्दर कुछ हो रहा है। बाहर इसलिए कुछ हो रहा है कि हम जिवित हैं। बाहर जो कुछ हो रहा है उसका आधार बाहर नहीं बल्कि हमारे अन्दर ही है। यदि हम जीवित नहीं हैं तो बाहर जो हो रहा है उसका हमारे लिए क्या मायने रह जायेगा।

(3) अपने शरीर के बाहर दुनियाँ में अपने जीवन को झोंक देना जीवन जीने का कोई मतलब नहीं है। अपने शरीर के अन्दर झाँककर, देखकर, सुनकर, समझकर तथा अपने हृदय में जीवन का अनुभव करके असली जीवन को भी पकड़ना चाहिए क्योंकि अन्तिम समय में जब शरीर की शक्ति क्षीण हो जाती है तथा आदमी मर जाता है तो यही आदमी के जीवन का साथी बनता है बाकी सब यहीं छूट जाता है और उस आदमी के लिए सब कचरा हो जाता है। क्योंकि धरती पर किसी के कुछ भी कर देने से उसके पद् चिह्न कुछ दिनों के बाद नहीं रहते हैं। कुछ लोगों के यादगारी के लिए स्मारक तथा मूर्तियाँ बनायी जाती हैं। कुछ दिनों

के बाद वह टूट–फूट जाता है और फेंक फाँक दिया जाता है। कहाँ चली जाती है यादगारी ?

(4) शरीर के अन्दर एक छोटे से भाग में मनुष्य का हृदय स्थित रहता है उसी के अन्दर असली हँस (ईश्वर) निवास करते हैं। उसी के साथ मनुष्य का जीवन होता है। उसी हँस को पाने के लिए मनुष्य शरीर धारण करके धरती पर उतरता है दूसरे किसी काम के लिए नहीं। यही मनुष्य की असली जिम्मेदारी है। सवाल यह है कि बिना सतगुरू और उनके ज्ञान का हँस या जीवन को नहीं पाया जा सकता। इसके लिए दुनियाँ में कोई दूसरा मार्ग है ही नहीं। इसके अलावा ईश्वर मार्ग में कोई जो कुछ करता है तो वह मन की संतुष्टी मात्र है।

(5) अभी सतगुरू और ज्ञान आपके समक्ष सर्वत्र मौजूद है। केवल आपको खोजने और पाने की जरूरत है। सृष्टि के आदिकाल से कभी भी इतना आसानी से सतगुरू तथा सतज्ञान धरती पर उपलब्ध नहीं हुआ है। इस युग की यही एक खूबी है दूसरी कोई खूबी नहीं है। बाकी सबकुछ प्राकृति दृष्टिकोण से धरती पर ह्रास है।

(6) आज मनुष्य सबकुछ दिमाग से पकड़ना चाहता है। लेकिन दिमाग से सबकुछ नहीं पकड़ा जा सकता है। दिमाग से जो कुछ पकड़ा जाता है वह अंधकार के क्षेत्र में ही पकड़ा जाता है। ईश्वर को तो मनुष्य का हृदय पकड़ता है। ईश्वर दिमाग के विषय हैं ही नहीं। सच्चाई (ईश्वर) के अभाव में मनुष्य की बुद्धि का मशीन बह जाता है अर्थात बुद्धि ठीक ढ़ंग से काम नहीं करती है तथा सोच–बिचार सही जगह से हटकर दूसरी जगह चला जाता है अभी पूरी धरती पर मनुष्य का यही हाल हुआ है। मनुष्य स्वयं परेशान होता है और दूसरे को भी परेशान कर रहा है। किसी को न असली खुशी है न असली सुख–शांति है।

(7) मनुष्य सुख, शांति और आनन्द के लिए दुनियाँ में माया के अधीन होकर कुछ करता रहता है लेकिन मिलता कहाँ है ? उसको नकली सुख–शांति और आनन्द तो मिलता है जिससे थोड़े समय के लिए उसका मन खुश होता है फिर दुखी हो जाता है। यह तो मन की प्रकृति है। असली सुख–शांति आनन्द तो हृदय में होता है जो हमेशा के लिए होता है। चाहे आदमी जिन्दा रहे या मर जाय कोई फर्क नहीं पड़ता है। दुःख, चिन्ता, परेशानी तो उस मनुष्य से इतना दूर चला जाता है कि फिर कभी उस मनुष्य को छू नहीं सकता। उस आदमी के लिए जीना–मरना एक समान हो जाता है।

(8) ईश्वर ने मनुष्य के शरीर के अन्दर उसके हृदय भाग में ऐसा न चीज डाल दिया है जो आश्चर्य का आश्चर्य और चमत्कार का चमत्कार है। इसलिए तो सभी ग्रन्थों में तथा संत महात्माओं द्वारा मनुष्य को दुर्लभ और श्रेष्ठ योनि कहा गया है। ईश्वर का दिया हुआ चीज ऐसा है कि मनुष्य अपने अन्दर से पूरा ब्रह्माण्ड, धरती और उससे परे सभी चीजों से जुड़ा हुआ है। लेकिन बाहर से वह कहीं से जुड़ा हुआ नहीं है। यहाँ तक कि वह अपने शरीर से भी जुड़ा हुआ नहीं है। क्योंकि बाहर ईश्वर ने उसे कुछ दिया ही नहीं है। यही कारण है कि मरने के बाद दुनियाँ में कुछ भी करने के बाद शरीर सहित उसका किया हुआ सबकुछ उसके लिए मिट्टी हो जाता है। उसको मिलना कुछ नहीं है। वह यहाँ भी दुःख सहता है और मरने के बाद दुखे दुख। लेकिन जो मनुष्य अपने अन्दर से जुड़ता है उसको धरती और ब्रह्माण्ड की सारी चीजें सुख देने लगती है। वह मनुष्य चाहे जहाँ भी रहे सुखे सुख, आनन्दे आनन्द शांतीय–शांति।

(9) इस कलियुग के अन्तिम चरण में मनुष्य के जीवन में तीन बातें सबसे उपर चल रही है– (1) विश्वास (2) पैसा (3) दिखावा। इन तीनों का मनुष्य के जीवन में कोई आधार नहीं है। इससे परेशानी बहुत अधिक है और जीवन के समय का नुकसान है।

(1) **विश्वास** :– यह मानने से जुड़ हुआ है। कहीं कोई कुछ कहा मान लिया। कहीं कुछ पढ़ा मान लिया। कहीं कुछ देखा मान लिया। कहीं कुछ सुना मान लिया। कहीं कोई कुछ किया मान लिया। अरे भाई! तुम आदमी है कि मूर्ति है। तुम्हारे पास सोच विचार बुद्धि है, समझदारी है, अनुभव है। उससे मानने वाली बात को तौलते क्यों नहीं हो? मानना तो अंधविश्वास है जिसके पीछे विश्वासघात भी रहता है। मानने से आदमी परेशान परेशान होकर रह जाता है आदमी की जान भी जा सकती है।

(2) **पैसा** :– आज आदमी अपना सबकुछ छोड़कर पैसे के पीछे पड़ा हुआ है। देखा जाता है कि आदमी पैसे के लिए अपने जीवन की सारी अच्छाई को बलिदान कर देता है। दूसरे पर तनिक भी ध्यान नहीं देता है कि उसपर क्या असर पड़ेगा। ऐसा भी पूरी धरती पर देखा जाता है कि किसी किसी के पास इतना धन है कि उसको पता नहीं है कि मेरे पास कितना धन है तौभी पैसा कमाने में ही लगा हुआ है। ऐसा तब होता है जब आदमी अपने जीवन के प्रति अंधा बन जाता है और सारा सोच–बिचार छोड़कर घोर अंधकार में डूब जाता है। ऐसे सोच से आदमी अपने भी दुःखी एंव अशांत रहता है तथा दूसरे को भी दुःखी और अशांत करता रहता है। जबकि जीवन के बारे में एक पल की भी खबर उसको नहीं रहती है। ऐसा करने से क्या फायदा?

(3) **दिखावा** :– जब आदमी अपनी ओर ताकता है तो उसमें दिखावा नहीं होता है। वह तो हमेशा संभलने में लगा रहता है।

जब आदमी बाहर दूसरे–दूसरे की ओर ताकने लगता है जो दिखावा में लगा रहता है अपने अवगुण को छुपाने के लिए। गुणवान व्यक्ति में दिखावा नहीं होती है क्योंकि वह बाहर गुण प्रदर्शित करने में लगा रहता है। दिखावा वाला आदमी अन्दर से अशांत एवं दुखी रहता है इसलिए दिखावा करके अपने को छुपाता है। दिखावा करके लोग दूसरे को आसानी से धोखा में डाल देते हैं। यदि कोई जवानी के जोश में दिखावा करता है तो आखिर कितने दिनों के लिए। कुछ ही दिनों में चेहरे पर झूरी पड़ेगा तथा शरीर शिथिल हो ही जायेगा। क्या फायदा होगा ?

(10) मनुष्य के सामने तीन तरह की दुनियाँ होती है– (1) हृदय की दुनियाँ (2) धरती की दुनियाँ (3) चाहत (मनोकामना) की दुनियाँ

(1) हृदय की दुनियाँ :– इस दुनियाँ में असली ईश्वर (अलख पुरूष अविनाशी) निवास करते हैं। वहाँ सबकुछ ईश्वरीय होता है जहाँ मनुष्य सतगुरू और उनके ज्ञान बल से पहुँच जाता है तो ईश्वर तो मिलही जाते है एवं उनकी बनायी हुई सारी चीजें भी एक साथ मिल जाती हैं। वहाँ पहुँचने वाला आदमी धरती पर रहकर हमेशा स्वर्ग का अनुभव करता है और हर तरह से सर्वशक्तिमान हो जाता है। जिसे मोक्ष की प्राप्ति भी कहा जाता है। यहाँ केवल सच्चाई है।

(2) धरती की दुनियाँ :– यह सत्य और असत्य दोनों से भरा हुआ है। सत्य के साथ ईश्वर और उनका आशीर्वाद रहता है लेकिन असत्य के साथ ईश्वर नहीं माया रहती है और इसके साथ ईश्वर का दण्ड रहता है। जन्म से तीन–चार साल तक आदमी सत्य के साथ रहता है लेकिन उसके बाद माया पकड़ही लेती है। धरती की बनावट ही ऐसी है। आदमी असत्य के साथ जीने लगता है। माया तो झूठ के खान में डाल देती है जहाँ अज्ञानता का अंधकार ही अंधकार है। माया के पास कोई अच्छी चीज नहीं होती है जिसको

वह दे सके। यदि किसी मनुष्य को थोड़ी भी सच्चाई और ईमानदारी मिल गई तो बड़ी बात है, क्योंकि सच्चाई और ईमानदारी इस दुनियाँ में मुश्किल से मिलती है। तब उस मनुष्य पर ईश्वर की कृपा होने पर सतगुरू और उनका ज्ञान मिलता है। यदि वह मनुष्य गुरू के आदेशानुसार चलकर ज्ञान सफल करके ईश्वर पा लेता है तो असत्य से पिण्ड छुट जाता है नहीं तो जीवन–मरण दोनों में अंधकार में ही पड़ा रहता है। यह ऐसी बात है कि इसको बदला नहीं जा सकता।

(3) चाहत या मनोकामना की दुनियाँ :– यह मनुष्य की तीसरी दुनियाँ कहा जा सकता है। दो दुनियाँ तो ईश्वर ने बनाया है लेकिन यह तीसरी दुनियाँ मनुष्य की बनायी हई कहाँ से आ गई? इस दुनियाँ के पीछे बात यह है कि पहले का समाज सरल था जिसमें मनुष्य की चाहत कम थी। अभी का समाज इतना जटिल हो गया है कि मनुष्य के लिए दुनियाँ से आने वाले चाहत का ताँता लगा हुआ है। मनुष्य उसे पकड़ता रहता है और अपने दिमाग में स्टॉक करता रहता है तथा अपने जीवन का सपना सजाने लगता है जिसके कारण उसके मन और दिमाग से तीसरी दुनियाँ बन जाती है। यह पूरा का पूरा झूठ होता है। इसी सपना को पूरा करने में वह रात–दिन बेचैन होकर लगा रहता है। वह स्वयं दुःख, चिन्ता, परेशानी, लड़खड़ाहट और चोट के साथ अपनी जिन्दगी जीता है तथा दूसरे को भी तंग–तबाह, शोषण, हत्या करके परेशानी में डालता रहता है। यह है मनुष्य की तीसरी दुनियाँ में धरती पर जीने का कमाल। अभी तीसरी दुनियाँ के सपने इतने प्रबल हुए हैं कि यह पूरी धरती पर जंगल राज स्थापित कर दिया है। मालूम पड़ता है कि यह धरती भगवान का बनाया हुआ नहीं बल्कि शैतान का बनाया हुआ है। मनुष्य की यह प्रवृति सारी प्रकृति, जीव जन्तु एवं मनुष्य को परेशानी के साथ–साथ ह्रास में

डाल दिया है। मालूम पड़ता है कि उसके चाहत के सपने उसके भगवान हैं तथा वह स्वयं समस्याओं का पुजारी है। मनुष्य की इस प्रकृति के साथ ईश्वर का बहुत बड़ा दण्ड (Panishment) शुरू हो गया है।

(11) पूरी धरती पर आदमी किसी न किसी धर्म से जुड़ा हुआ है और उसका पालन भी करता है। धर्म के साथ बात यह है कि ध र्म का पालन करने से आदमी मानवता की ओर मुरने लगता है। लेकिन अभी ऐसा देखा जाता है कि लोग धर्म का पालन खूब करते हैं लेकिन धर्म का पालन करते हुए लोग मानवता से दूर जा रहे हैं। जिसके कारण मानव सभ्यता संकट से घिरा हुआ है। इसका कारण यह है कि कोई भी धर्म ईश्वर की ओर उँगली से इशारा है तो लोग इशारा को नहीं समझकर उँगली और हाथ को समझने में लगे हुए हैं। इसलिए लोग धर्म को नहीं समझकर दूसरा ही दूसरा चीज समझ लेते हैं।

(12) मनुष्य अपने जीवन से दुख और अशुभ हटाने के लिए क्या–क्या नहीं करता है लेकिन न दुख हटता है न अशुभ। क्योंकि दुख और अशुभ हटाने का एक ही तरीका है। ईश्वर का सुमिरन, भजन, दूसरा कोई रास्ता नहीं है। कबीर दास ने भी लिखा है–

सुमिरन से सुख होत है कि सुमिरन से दुख जात।
कहे कबीर सुमिरन किये साई माहीं समाय।।

(13) यह भी देखा जाता है कि लोग अपने दुख में रहकर अपने परिवार, बेटा–बेटी, पत्नी, सगे, सम्बन्धी को सुख में रखना चाहते है। इसके लिए दुनियाँ में क्या–क्या नहीं करते हैं। लेकिन यह ईश्वरीय नियम है कि अपने दुख में रहने वाला आदमी दूसरे को सुख दे नहीं सकता।

(14) यदि मनुष्य अपनी दो प्रवृति को छोड़ दे तो दुनियाँ का नक्शा ही बदल जायेगा :–

पहला, अपनी अगली पीढ़ी के लिए बहुत अधिक धन सम्पति जमा करने की प्रवृति (2) मनुष्य को मारने के लिए Tecnology and Advance Tecnology बनाने की प्रवृति। आवश्यकता से अधिक धन–सम्पति रखना न उस व्यक्ति के लिए शुभ है और न अगली पीढ़ी के लिए शुभ है। यदि उपर्युक्त दोनों तरह के धन को मानव कल्याण पर खर्च किया जाय तो पूरी दुनियाँ से गरीबी एवं दरिद्रता हट जायेगी एवं प्राकृतिक सजावट भी हो जायेगी।

(15) अभी यह देखा जा सकता है कि लोग दूसरे का कुछ लेने में, ठगने में, दूसरे को धोखा देने में, दूसरे से छल–कपट करने में थोड़ा भी संकोच नहीं करते हैं और इसमें लोग माहिर हो गये हैं। ऐसा करने से सब सबसे तंग–तबाह हो रहे हैं। ऐसा करके लोग अपने जीवन को कचरा बना रहे हैं तथा दूसरे के जीवन को भी परेशान–परेशान करके रख देते हैं। जब कुछ समय के लिए ही धरती पर रहना है तो ऐसा करने की जरूरत क्या है?

(16) तुलसी दास ने लिखा है:–

तुलसी इस संसार में करने को दो काम।
देने को टुकड़ा भला लेने को हरिनाम।।

तुलसी दास के कहने का अभिप्राय यह है कि मनुष्य जब धरती पर होश संभालता है तो उसका पहला काम है, सतगुरू खोजना और उनसे ज्ञान पाना। सतज्ञान पाने के बाद सतज्ञान की क्रिया की दिशा में अथक परिश्रम कर मनुष्य के हृदय में ईश्वर का जो दिया हुआ खजाना है उसको पा लेना। तब जाकर हरिनाम (सतनाम) उसी के साँस के माला में ज्ञानसार के रूप में प्राप्त होता है। ईश्वर उसके हृदय में मिल जाते हैं। इसके बाद वह व्यक्ति दुनियाँ में सही काम करने के लिए सक्षम होता है। इसके बाद दूसरे कर्म के रूप में दुनियाँ में जीने के लिए जो भी काम अपनाता है उससे अपने जीने के साथ दूसरे को कुछ देने की नियत रखता

हैं, दूसरे से कुछ लेने की नहीं। यही दो काम मनुष्य के लिए धरती पर है। इसके अलावा कोई तीसरा काम नहीं है। बाकी काम लोग अपने मन से गढ़कर दुनियाँ में दिन–रात बेचैन रहते हैं, लेकिन ईश्वर की ओर से केवल दो ही काम है।

(17) दुनियाँ में आज मनुष्य दो काम करता है जरूर, लेकिन उसका न कोई आधार है न बात। मनुष्य इंसान को भगवान और भगवान को इंसान बनाने में लगा हुआ है। संसार में जो बड़े–बड़े पद्वी वाले, सिनेमा वाले और धनवान लोग हैं उनकी बातों को लोग खूब ध्यान से सुनते हैं और मानते भी हैं। उनका देखा–देखी खूब करते हैं। मालूम पड़ता है कि वेलोग उनके भगवान हैं। जबकि इसमें कोई असलियत नहीं है। यह बहुत छोटी–मोटी बात है।

भगवान जो पूरी सृष्टि के कण–कण में समाये हुए हैं और दिब्यशक्ति के रूप में सबको देखते भी रहते हैं। उनको मंदिर में, मस्जिद में, पंथ में, ग्रन्थ में, पहाड़ में, पठार में, तीर्थ में, सागर में, नदी में, झील में आदि जगहों पर मूर्ति के रूप में बाँधकर रख दिया है। ईश्वर की बातों को कोई जानने और समझने वाला नहीं है। ऐसा करके मनुष्य दुःख तथा अशुभ को बुलवा भेज रहा है।

मानना अंधकार है जानना है प्रकाश।
माना–मानी में जग उलझा जानना पड़ा बीमार।।

(रामसूचित)

मानना – विश्वास/अंधविश्वास (असत्य)
जानना – अनुभव (सत्य)

Printed by Libri Plureos GmbH in Hamburg, Germany